야나두 현지 영어
미국에서 한 달 살기

야나두 현지 영어

미국에서 한 달 살기 Outdoors ❷

지은이 다락원&야나두 콘텐츠팀
펴낸이 정규도
펴낸곳 (주)다락원

초판 1쇄 발행 2021년 10월 1일

총괄책임 정계영
기획·편집 오순정, 박지혜, 조창원
디자인 All Contents Group
감수 야나두 콘텐츠 연구소

🏮 DARAKWON 경기도 파주시 문발로 211
내용문의 (02)736-2031 내선 329
구입문의 (02)736-2031 내선 250~252
Fax (02)732-2037
출판 등록 1977년 9월 16일 제406-2008-000007호

COPYRIGHT 2021 DARAKWON&YANADOO

값 15,000원
ISBN 978-89-277-0149-1 14740
     978-89-277-0143-9(세트)

야나두 현지 영어

미국에서 한 달 살기

Outdoors ❷

◯야나두 × 다락원

💬💬 100% 미국에서 건너온 리얼 회화
한 달 동안 미국 현지 생생하게 체험하기! 💬💬

1. 〈미국에서 한 달 살기〉, '여행 영어'를 넘어선 '체험 영어'로 만들었습니다.

'이건 어떻게 조리해 먹나요?'
'이 바지 좀 수선해주시겠어요?'
'문 앞에 놔주세요.'

이 책은 주인공 리나가 〈미국에서 한 달 살기〉로 미국 생활을 체험하면서 원어민과 나눈 대화를 수록했습니다. 파머스 마켓에 가서 물건을 구입하고, 앱으로 점심을 배달하고, 세탁소에 방문하는 등 현지에서만 일어날 수 있는 에피소드를 가지고 현지에서의 즐거움을 두 배로 만들어줄 영어를 익힐 수 있습니다.

2. '뻔하지 않은' 실전 영어를 하고 싶은 분을 위해 만들었습니다.

다양한 생활 밀착형 미션을 통해 내 의사 표현을 정확하게 전달할 수 있는 패턴과 표현을 익힐 수 있습니다.
미국에서 한 달을 지내는 리나에게 다양한 미션이 주어집니다. 예를 들어, 칵테일 바에서는 '약한 도수의 칵테일 주문하기.' '색다른 칵테일 물어보기'가 미션으로 제시되는데요. I'd like to have one cocktail.(칵테일 하나 주세요.)처럼 정형화된 회화 패턴뿐만 아니라, 더 구체적으로, I have a low tolerance for alcohol.(제가 술이 약해서요.)나 Do you guys have any juice-based cocktails?(주스가 들어간 칵테일이 있나요?)처럼 상황에 딱 어울리는 구체적인 표현도 학습할 수 있어, 현지를 더 재미있게 즐길 수 있게 될 것입니다.

3. We'll upgrade your English!
여러분의 영어 실력을 한 단계 높여드립니다.

〈미국에서 한 달 살기〉, 누구나 한 번쯤 꿈꿔보는 로망이 아닐까요? 하지만, 여행하는 것과 살아보는 건 천지 차이죠. 베이글에 크림치즈, 주문하기 어려워 보여도 현지에서 살려면 매번 포기할 수 없잖아요? 적극적으로 물어봐야죠. 꼭 한 달 살기가 아니더라도, 현지에서 자신이 원하는 걸 명확하게 이야기할 수 있다면 좋겠죠? 현지에 갔다는 생각으로 이미지 트레이닝을 하면서 이 책을 공부해보세요. '이런 상황에서 나는 어떻게 말할까' '이런 건 영어로 어떻게 말할 수 있지?' 이런 식으로 이것저것 구체적으로 해보고 싶은 마음으로 학습하다 보면 여러분의 영어 실력도 한 단계 높아져 있을 것입니다.

CONTENTS

41	내 피부 타입에 맞는 스킨로션 찾기	13
42	카페에서 스몰톡 하기	19
43	서점 구경하기	25
44	자전거 빌리기	31
45	멕시코 식당에서 식사하기	37
46	소지품 분실에 대응하기	43
47	옷 환불하기	49
48	현지 미용실에서 머리하기	55
49	베지테리언 메뉴 주문하기	61
50	친구와 바에서 술 마시기	67
51	친구에게 술 사기	73
52	바에서 친구와 다트 내기하기	79
53	특별전시 문의하기	85
54	기념품관 구경하기	91
55	푸드트럭에서 포장하기	97
56	미국 헬스장 이용하기	103
57	헬스장에서 스몰톡 하기	109
58	차고 세일 가기	115
59	이웃의 슬픔에 공감해주기	121
60	네일 샵 방문하기	127

61	좋아하는 가수 앨범 구매하기	133
62	식사 컴플레인 하기	139
63	이웃과 스몰톡 하기	145
64	미국 델리 탐방하기	151
65	ATM으로 출금하기	157
66	골프장 예약하기	163
67	로드트립 렌터카 빌리기	169
68	로드트립을 위한 물품 장보기	175
69	숙박 공유 사이트로 집 빌리기	181
70	룸 컨디션 항의하기	187
71	국립공원에서 브이로그 촬영하기	193
72	경찰 단속에 대처하기	199
73	온라인으로 캠핑장 알아보기	205
74	미국의 대자연 감상하기	211
75	접촉사고가 났을 때 대처하기	217
76	파킹 미터기로 주차하기	223
77	세차하기	229
78	우연히 만난 친구와 저녁 약속 잡기	235
79	드라이브 스루 주문하기	241
80	셀프 주유하기	247

CONTENTS

1	스마트폰 개통하기	13
2	길 물어보기	19
3	로컬 베이글 가게 방문하기	25
4	직원에게 원두 추천받기	31
5	영양제 심부름하기	37
6	카페 음료 커스터마이징 하기	43
7	동네 맛집 예약하기	49
8	세탁소에 옷 맡기기	55
9	친구 집들이 선물 사기	61
10	친구의 이사 축하해주기	67
11	취준생 친구 위로해주기	73
12	지하철 티켓 기계 이용하기	79
13	와플 주문하기	85
14	직원에게 립 제품 추천받기	91
15	바텐더에게 맥주 종류 물어보기	97
16	바에서 스몰톡 하기	103
17	직원에게 후한 팁 주기	109
18	마음에 드는 옷 입어보기	115
19	친구 선물 구매하기	121
20	한국으로 택배 보내기	127

21	앱으로 점심 주문하기	133
22	온라인으로 생필품 주문하기	139
23	약 심부름하기	145
24	온라인으로 쿠킹 클래스 신청하기	151
25	메뉴 추천받기	157
26	친구 경기 응원하기	163
27	버스 타고 다운타운 가기	169
28	주문이 잘못 나왔을 때 대응하기	175
29	이웃과 저녁 약속 잡기	181
30	친구와 함께 반려견 산책하기	187
31	지각하는 친구 기다리기	193
32	음식 테이크아웃 하기	199
33	예약 없이 맛집에 입장하기	205
34	남은 음식 포장 요청하기	211
35	택시 이용하기	217
36	파머스 마켓 구경하기	223
37	파머스 마켓에서 야채 구입하기	229
38	피자 픽업하기	235
39	옷 수선 맡기기	241
40	한국 식자재 알려주기	247

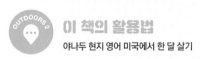

이 책의 활용법
야나두 현지 영어 미국에서 한 달 살기

① 인트로

오늘 리나는 어떤 미션을 받게 될까요? 학습할 내용을 읽어보면서 여러분이라면 미션을 어떻게 수행할지 상상하면서 워밍업해보세요.

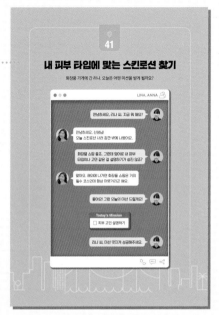

② Live Talk

리나와 원어민의 대화, 혹은 단독 vlog를 mp3로 듣고 읽어보면서 내용을 파악해보세요.

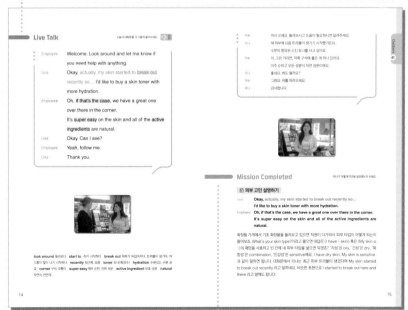

③ Mission Completed

리나가 미션을 어떻게 달성했는지 확인해보세요.
해당 과의 필수 표현이니 꼼꼼하게 체크하세요.

④ Expression Point

회화 실력을 업그레이드하는 표현을 친절한 설명과 함께 수록했습니다.
예문을 추가하여 정확한 용법을 익히고 활용도를 높였습니다.

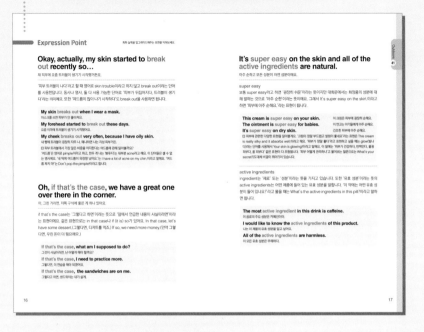

⑤ Drill 1

Expression point에 나온 표현을 응용하여 영작하는 코너입니다.
보기를 참고해서 꼭 영작해보세요. 직접 써보면 표현을 내 것으로 만드는 데 큰 도움이 됩니다.

⑥ Drill 2

Live Talk에서 중요한 문장만 뽑아 말하기 연습하는 시간입니다.
mp3로 문장을 따라 말하고 외우면 실전에 활용하기 더욱 쉽습니다.

한 달 동안 미국 현지
생생하게 체험하기

•

Let's get started!

내 피부 타입에 맞는 스킨로션 찾기

화장품 가게에 간 리나. 오늘은 어떤 미션을 받게 될까요?

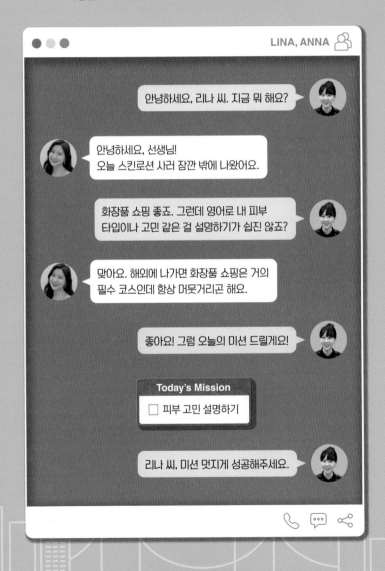

LINA, ANNA

안녕하세요, 리나 씨. 지금 뭐 해요?

안녕하세요, 선생님!
오늘 스킨로션 사러 잠깐 밖에 나왔어요.

화장품 쇼핑 좋죠. 그런데 영어로 내 피부
타입이나 고민 같은 걸 설명하기가 쉽진 않죠?

맞아요. 해외에 나가면 화장품 쇼핑은 거의
필수 코스인데 항상 머뭇거리곤 해요.

좋아요! 그럼 오늘의 미션 드릴게요!

Today's Mission

☐ 피부 고민 설명하기

리나 씨, 미션 멋지게 성공해주세요.

Live Talk

Employee	Welcome. Look around and let me know if you need help with anything.
Lina	Okay, actually, my skin started to break out recently so… I'd like to buy a skin toner with more hydration.
Employee	Oh, if that's the case, we have a great one over there in the corner. It's super easy on the skin and all of the active ingredients are natural.
Lina	Okay. Can I see?
Employee	Yeah, follow me.
Lina	Thank you.

look around 둘러보다　**start to** ~하기 시작하다　**break out** 피부가 뒤집어지다, 트러블이 생기다, 여드름이 많이 나기 시작하다　**recently** 최근에, 요즘　**toner** 토너(화장수)　**hydration** 수분(감), 수분 공급　**corner** 구석, 모퉁이　**super easy** 매우 순한, 진짜 쉬운　**active ingredient** 유효 성분　**natural** 자연의, 천연의

직원	어서 오세요. 둘러보시고 도움이 필요하시면 알려주세요.
리나	제 피부에 요즘 트러블이 생기기 시작했거든요.
	수분이 함유된 스킨 토너를 사고 싶어요.
직원	아, 그런 거라면, 저쪽 구석에 좋은 게 하나 있어요.
	아주 순하고 모든 성분이 자연 성분이에요.
리나	좋네요. 봐도 될까요?
직원	그럼요. 저를 따라오세요.
리나	감사합니다.

Mission Completed

리나가 어떻게 미션을 달성했는지 보세요.

☑ 피부 고민 설명하기

Lina **Okay,** actually, my skin started to break out recently so…
I'd like to buy a skin toner with more hydration.

Employee **Oh, if that's the case, we have a great one over there in the corner.**
It's super easy on the skin and all of the active ingredients are
natural.

화장품 가게에서 기초 화장품을 둘러보고 있으면 직원이 다가와서 피부 타입이 어떻게 되는지 물어보죠. What's your skin type?이라고 물으면 대답은 〈I have ~ skin〉 혹은 〈My skin is ~〉의 패턴을 사용하고 빈 칸에 내 피부 타입을 넣으면 되겠죠? '지성'은 oily, '건성'은 dry, '복합성'은 combination, '민감성'은 sensitive예요. I have dry skin. My skin is sensitive. 과 같이 말하면 됩니다. 대화문에서 리나는 최근 피부 트러블이 생겼다며 My skin started to break out recently.라고 말하네요. 비슷한 표현으로 I started to break out here and there.라고 말해도 됩니다.

Okay, actually, my skin started to break out recently so…

제 피부에 요즘 트러블이 생기기 시작했거든요.

'피부 트러블이 나다'라고 할 때 영어로 skin trouble이라고 하지 않고 break out이라는 단어를 사용한답니다. 동사나 명사, 둘 다 사용 가능한 단어로 '피부가 뒤집어지다, 트러블이 생기다'라는 의미예요. 또한 '여드름이 많이 나기 시작하다'도 break out을 사용하면 됩니다.

My skin breaks out when I wear a mask.
마스크를 쓰면 피부가 안 좋아져요.
My forehead started to break out these days.
요즘 이마에 트러블이 생기기 시작했어요.
My cheek breaks out very often, because I have oily skin.
내 뺨에 트러블이 굉장히 자주 나. 왜냐하면 나는 지성 피부거든.

🔁 피부 트러블에서 가장 많은 비중을 차지한다는 여드름에 관해 알아볼까요?
'여드름'은 영어로 pimple이라고 하고, 한두 개 나는 '뾰루지'는 대부분 acne라고 해요. 이 단어들은 셀 수 없는 명사예요. '내 턱에 여드름이 와장창 났어요.'는 I have a lot of acne on my chin.이라고 말해요. '여드름 짜지 마!'는 Don't pop the pimple!이라고 합니다.

Oh, if that's the case, we have a great one over there in the corner.

아, 그런 거라면, 저쪽 구석에 좋은 게 하나 있어요.

---

if that's the case는 '그렇다고 하면'이라는 뜻으로 '앞에서 언급한 내용이 사실이라면'이라는 표현이에요. 같은 표현으로는 in that case나 if (it is) so가 있어요. In that case, let's have some dessert.(그렇다면, 디저트를 먹죠.) If so, we need more money.(만약 그렇다면, 우린 돈이 더 필요해요.)

If that's the case, what am I supposed to do?
그것이 사실이라면, 난 어떻게 해야 할까요?
If that's the case, I need to practice more.
그렇다면, 더 연습을 해야 되겠어요.
If that's the case, the sandwiches are on me.
그렇다고 하면, 샌드위치는 내가 살게.

It's super easy on the skin and all of the active ingredients are natural.

아주 순하고 모든 성분이 자연 성분이에요.

---

super easy

보통 super easy라고 하면 '굉장히 쉬운'이라는 뜻이지만 대화문에서는 화장품의 성분에 대해 말하는 것으로 '아주 순한'이라는 뜻이에요. 그래서 It's super easy on the skin.이라고 하면 '피부에 아주 순해요.'라는 표현이 됩니다.

> **This cream is super easy on your skin.** 이 크림은 피부에 굉장히 순해요.
> **The ointment is super easy for babies.** 이 연고는 아기들에게 아주 순해요.
> **It's super easy on dry skin.** 건조한 피부에 아주 순해요.
>
> ➕ 피부에 관련한 다양한 표현을 알아볼게요. '크림이 정말 부드럽고 발림이 좋네요'라는 표현은 This cream is really silky and it absorbs well.이라고 해요. '피부가 정말 좋다'라고 표현하고 싶을 때는 glow(빛나다)라는 단어를 사용해서 Your skin is glowing!이라고 말해요. 이 말에는 '피부가 건강하다, 반짝인다, 물광 피부다, 꿀 피부다' 같은 표현이 다 포함됩니다. '피부 어떻게 관리하냐'고 물어보는 질문으로는 What's your secret?(도대체 비결이 뭐야?)이 있습니다.

---

active ingredients

ingredient는 '재료' 또는 '성분'이라는 뜻을 가지고 있습니다. 또한 '유효 성분'이라는 뜻의 active ingredients는 어떤 제품에 들어 있는 유효 성분을 말합니다. '이 약에는 어떤 유효 성분이 들어 있나요?'라고 물을 때는 What's the active ingredients in this pill?이라고 말하면 됩니다.

> **The most active ingredient in this drink is caffeine.**
> 이 음료의 주요 성분은 카페인이야.
>
> **I would like to know the active ingredients of this product.**
> 나는 이 제품의 유효 성분을 알고 싶어요.
>
> **All of the active ingredients are harmless.**
> 이 모든 유효 성분은 무해하다.

Drill 1

학습한 내용을 응용하여 영작해보세요.

1

제 피부에 트러블이 나기 시작했어요.   **보기** started, out, my, to, skin, break

2

이 크림은 피부에 굉장히 순해요.   **보기** on, this, super, skin, cream, easy, is, your

3

모든 성분이 인체에 무해해요.   **보기** active, harmless, all, are, the, ingredients, of

4

여기저기에 피부 트러블이 시작됐어요.   **보기** here, started, and, out, I, there, to, break

5

건조한 피부에 아주 순해요.   **보기** dry, easy, skin, it's, super, on

Drill 2

영어를 가리고 한국어를 보면서 바로 말할 수 있는지 체크해보세요.

☐ 제 피부에 요즘 트러블이 생기기 시작했거든요.	My skin started to break out recently.
☐ 수분이 함유된 스킨 토너를 사고 싶어요.	I'd like to buy a skin toner with more hydration.
☐ 저쪽 구석에 좋은 게 하나 있어요.	We have a great one over there in the corner.
☐ 피부에 아주 순해요.	It's super easy on the skin.
☐ 모든 성분이 자연 성분이에요.	All of the active ingredients are natural.
☐ 이 연고는 아기들에게 아주 순해요.	The ointment is super easy for babies.
☐ 마스크를 쓰면 피부가 안 좋아져요.	My skin breaks out when I wear a mask.

 1 My skin started to break out. **2** This cream is super easy on your skin. **3** All of the active ingredients are harmless. **4** I started to break out here and there. **5** It's super easy on dry skin.

카페에서 스몰톡 하기

혼자 카페에 간 리나. 오늘은 애나 선생님에게서 어떤 미션을 받게 될까요?

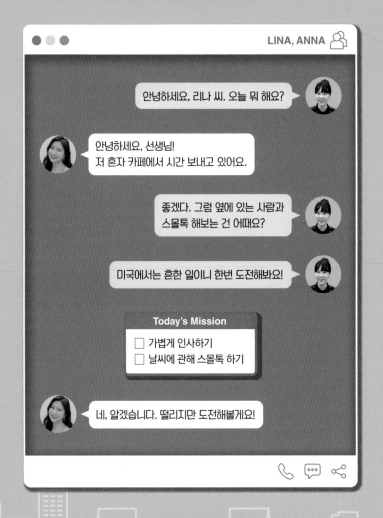

LINA, ANNA

안녕하세요, 리나 씨. 오늘 뭐 해요?

안녕하세요, 선생님!
저 혼자 카페에서 시간 보내고 있어요.

좋겠다. 그럼 옆에 있는 사람과
스몰톡 해보는 건 어때요?

미국에서는 흔한 일이니 한번 도전해봐요!

Today's Mission
- ☐ 가볍게 인사하기
- ☐ 날씨에 관해 스몰톡 하기

네, 알겠습니다. 떨리지만 도전해볼게요!

Live Talk

Lina	Hi, how are you?
Neighbor	Hi, good. Thank you. How are you?
Lina	I'm good. The weather is beautiful today.
Neighbor	I agree. It is absolutely gorgeous.
Lina	Do you come here often?
Neighbor	Yeah, I come here every day, actually.
Lina	Are you from this neighborhood?
Neighbor	I live right around the corner over there.
Lina	Oh, wow. Me too. I just moved to this area.
Neighbor	Nice. Welcome.
Lina	Thank you. So it's my first time in this café. I kind of like this vibe
Neighbor	I agree. I think this is... maybe the best café in the city, and has some of the best coffee around.
Lina	Oh, really?
Neighbor	Yeah, definitely try the cappuccino.
Lina	Oh, I'll definitely try that next time.
Neighbor	Absolutely.

---

agree 동의하다 **absolutely** 굉장히, 반드시 **gorgeous** 아주 멋진 **often** 종종, 자주 **every day** 매일(everyday 일상적인) **neighborhood** 근처(neighbor 이웃) **right** 바로, 정확히 **around the corner** 모퉁이를 돌아서 **move** 이사하다 **area** 지역, 구역 **kind of** 어느 정도(= kinda) **vibe** 분위기, 느낌 **maybe** 아마도, 어쩌면(may be ~일지도 모른다) **definitely** 꼭, 틀림없이

리나	안녕하세요?
옆사람	안녕하세요.
리나	오늘 날씨가 좋네요.
옆사람	맞아요. 엄청 좋아요.
리나	여기 종종 오시나요?
옆사람	네, 사실 매일 와요.
리나	이 근처에 사세요?
옆사람	저쪽 모퉁이 바로 돌아서 살아요.
리나	오, 저도요. 얼마 전에 여기로 이사 왔어요.
옆사람	좋네요. 반가워요.

리나 감사합니다. 이 카페는 처음 와봐요. 분위기가 좋네요.

옆사람 맞아요. 제 생각에는 여기가… 아마 이 도시에서 가장 좋은 카페이고 좋은 커피를 파는 것 같아요.

리나 아, 정말이에요?

옆사람 네, 카푸치노는 무조건 먹어봐야 해요.

리나 오, 다음에 꼭 먹어볼게요.

옆사람 꼭 먹어봐요.

Mission Completed

리나가 어떻게 미션을 달성했는지 보세요.

☑ 가볍게 인사하기

Lina **Hi, how are you?**

Neighbor **Hi, good. Thank you. How are you?**

영어로 가볍게 인사할 때는 리나처럼 웃으면서 Hi, how are you?라고 해보세요. 많은 사람이 How are you?만 사용하는데 좀 더 다양하게 사용해보면 어떨까요? 예를 들어 How's it going? How's everything? How are things going? 등 다양하게 물어보세요! 답을 할 때는 I'm fine, thanks.는 이제 그만 머릿속에서 지우고 나의 상태를 적절한 형용사로 표현해보세요. Thanks, fantastic. Can't be better. I'm good. 그럭저럭일 때는 I'm so so.가 아니라 Half-half. 혹은 Fifty-fifty.라고 말해보아요.

☑ 날씨에 관해 스몰톡 하기

Lina **I'm good. The weather is beautiful today.**

Neighbor **I agree. It is absolutely gorgeous.**

스몰톡의 기본이 날씨 이야기인데요. 그렇기 때문에 날씨 표현도 꼭 알아둬야겠죠. 날씨에 관해 말할 때는 〈The weather is ~〉 패턴을 사용하면 되는데요 대화문에서 리나는 The weather is beautiful today.라고 말했네요. 이렇게 beautiful 대신에 wonderful, lovely, fantastic 등을 넣어서 표현해보세요.

회화 실력을 업그레이드해주는 표현을 익혀보세요.

Do you come here often?

여기 종종 오시나요?

부사 often은 '자주, 흔히'라는 뜻으로 빈도부사라고도 합니다. 빈도부사는 보통 위치가 정해져 있는데요. I always study English.처럼 일반동사 앞에 쓰기도 하고, She is usually tired. 처럼 be동사나 조동사 뒤에 쓰기도 해요. 하지만 부사이기 때문에 사실상 동사의 앞이나 맨 뒤 에 써도 상관은 없습니다. Do you often come here? = Do you come here often?

I don't hang out often.	나는 자주 놀지 않아요.
We often meet at the park.	우리는 종종 공원에서 만나요.
She cooks for us often.	그녀는 우리를 위해 자주 요리를 해요.

Yeah, I come here every day, actually.

네, 사실 매일 와요.

every day와 everyday의 차이를 알아볼까요? 간혹 오타가 난 줄 알겠지만 그렇지 않습니다. 부사 every day는 '~을 매일 하다'라는 뜻으로 I eat every day.는 '나는 매일 밥을 먹어요.' 가 됩니다. 그럼 everyday는 어떨까요? '매일의, 일상적인'이라는 뜻으로 명사 앞에서 형용사 역할을 해줘서 My everyday work is not easy.는 '내 일상 업무는 쉽지 않다.'가 됩니다.

I drink coffee every day.	나는 매일 커피를 마셔요.
He exercises every day.	그는 매일 운동을 해요.
They walk the dog every day.	그들은 매일 개를 산책시켜요.

Are you from this neighborhood?

이 근처에 사세요?

neighbor과 neighborhood는 어떻게 다를까요? neighbor은 '이웃'이라는 뜻으로 사람을 말하고 neighborhood는 '동네'라는 뜻으로 지역을 말합니다.

My neighborhood is quiet.	우리 동네는 조용해요.
I grew up in this neighborhood.	나는 이 동네에서 자랐어요.
I really love my neighborhood.	나는 내 동네를 너무 좋아해요.

Oh, wow. Me too.

오, 저도요.

me too는 상대방의 말에 동의할 때 많이들 쓰는 말이죠. 상대방의 말이 부정문일 때는 me neither이라고 해야 합니다. 예를 들어 상대방이 I don't have red pants.(나는 빨간 바지가 없어.)라고 했을 때 본인도 빨간 바지가 없다면 Me neither.라고 말해야 합니다.

A: I have a cat. 고양이를 기르고 있어요.
B: Me too. 나도요.
A: I went camping last weekend. 지난 주말에 캠핑을 갔다 왔어.
B: Me too. 나도.

I kind of like this vibe.

분위기가 좋네요.

kind of는 '약간, 어느 정도'라는 뜻으로, 발음대로 쓰면 kinda가 되어서 이렇게 문장에 쓰기도 합니다. 하지만 되도록 친한 사이에서만 사용하는 것이 좋겠죠?

I'm kind of hungry. 배가 고픈 것 같아.
It's kind of hard for me to choose. 선택하기가 좀 힘든 것 같아.
I kind of like him. 나는 그를 어느 정도는 좋아하는 것 같아.
➕ 발음상 2개의 문장을 한 단어처럼 사용하는 단어들을 알아봐요.
kind of = kinda, want to = wanna, going to = gonna, got to = gotta, must have = musta, has to = hasta

I think this is... maybe the best café in the city.

제 생각에는 여기가… 아마 이 도시에서 가장 좋은 카페일 거예요.

maybe는 부사로 '아마도, 어쩌면'이라는 뜻을 가지고 있어서 보통 문장 앞에 위치하죠. 우리가 자주 사용하는 조동사 may와 be가 만난 may be는 '~일지도 모른다'라는 뜻으로 You may be right.(네 말이 맞는 거 같아.)처럼 씁니다.

Maybe they will come. 아마 그들이 올 거야.
Maybe it will snow tomorrow. 아마 내일 눈이 올걸.
Maybe he'll have cake. 아마 그는 케이크를 먹을 거야.

Drill 1

학습한 내용을 응용하여 영작해보세요.

1

_____

안녕하세요.　　　　　　　　　　　　**보기** going, how's, it

2

_____

오늘 날씨가 정말 좋아요.　　　　　　**보기** is, today, the, wonderful, weather

3

_____

여기에 얼마나 자주 오나요?　　　　　**보기** come, how, here, often, you, do

4

_____

나는 이 동네에 살고 있어요.　　　　　**보기** this, I, neighborhood, in, live

5

_____

나는 이 장소를 즐기는 것 같아요.　　　**보기** enjoy, kind, place, of, I, this

Drill 2

영어를 가리고 한국어를 보면서 바로 말할 수 있는지 체크해보세요.

☐ 오늘 날씨가 정말 좋네요.	The weather is beautiful today.
☐ 여기 종종 오시나요?	Do you come here often?
☐ 네, 사실 매일 와요.	Yeah, I come here every day, actually.
☐ 여기 근처에 사세요?	Are you from this neighborhood?
☐ 오, 저도요.	Oh, wow. Me too.
☐ 분위기가 좋네요.	I kind of like this vibe.
☐ 아마 이 도시에서 가장 좋은 카페일 거예요.	Maybe the best café in the city.

 1 How's it going? **2** The weather is wonderful today. **3** How often do you come here?
4 I live in this neighborhood. **5** I kind of enjoy this place.

24

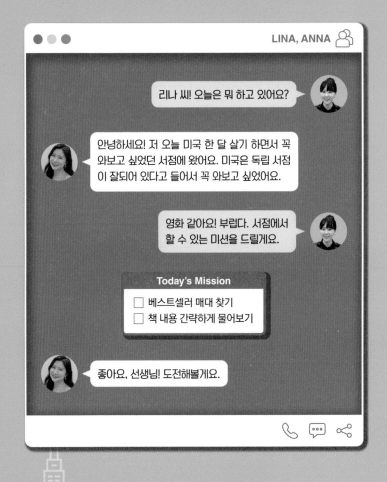

서점 구경하기

서점에 간 리나. 오늘은 애나 선생님에게서 어떤 미션을 받게 될까요?

43

LINA, ANNA

리나 씨! 오늘은 뭐 하고 있어요?

안녕하세요! 저 오늘 미국 한 달 살기 하면서 꼭 와보고 싶었던 서점에 왔어요. 미국은 독립 서점이 잘되어 있다고 들어서 꼭 와보고 싶었어요.

영화 같아요! 부럽다. 서점에서 할 수 있는 미션을 드릴게요.

Today's Mission
- ☐ 베스트셀러 매대 찾기
- ☐ 책 내용 간략하게 물어보기

좋아요, 선생님! 도전해볼게요.

Live Talk

Lina	Hello.
Owner	Hi.
Lina	Where can I find the best-seller books?
Owner	It's in the corner of the store. I will show you.
Lina	Thank you.
Lina	Wow. I'm looking for *East of Eden*. Do you have that one?
Owner	I believe so… There it is.
Lina	Yay! You know, my friend was talking about this book all day long. So I was eager to find one. Have you read this before?
Owner	I haven't read it yet. But I have heard this book is very well written.
Lina	Yeah.
Owner	The author was also the Nobel prize winner.
Lina	Wow, I can't wait to read this. Thanks for your help.
Owner	You're welcome.

---

find (우연히) 찾다, 발견하다 **best-seller** 베스트셀러, 잘 나가는 상품 **show** 보여주다 **look for** 찾다, 구하다, 기대하다 **believe** 생각하다, ~라고 믿다 **all day long** 하루 종일 **be eager to** 몹시~하고 싶다 **not yet** 아직도(~않다) **hear** 듣다 **well written** 잘 쓴(be well written 명문이다) **author** 작가 **prize winner** 수상자 **can't wait to** 빨리 ~하고 싶다

리나	안녕하세요.
주인	안녕하세요.
리나	베스트셀러 책은 어디 있나요?
주인	구석에 있어요. 보여드릴게요.
리나	감사합니다.
리나	〈에덴의 동쪽〉을 찾고 있는데, 있을까요?
주인	있었던 거 같은데… 여기 있네요.
리나	제 친구가 종일 이 책에 관해서 이야기하더라고요.

주인	그래서 정말 찾고 싶었어요. 이 책 읽어보셨어요?
주인	읽어본 적은 없는데 정말 괜찮은 책이라고 들었어요.
리나	맞아요.
주인	그리고 작가가 노벨상을 받았더라고요.
리나	빨리 읽고 싶네요. 도와주셔서 감사합니다.
주인	천만에요.

Mission Completed

리나가 어떻게 미션을 달성했는지 보세요.

☑ 베스트셀러 매대 찾기

Lina **Where can I find the best-seller books?**
Owner **It's in the corner of the store. I will show you.**

어떤 장소에 가서 물건을 찾을 때는 〈Where can I find~?〉로 물어보면 됩니다. 본문에서는 리나가 베스트셀러 매대를 찾으려고 하죠. Where can I find the best-seller books?라고 말하면 됩니다. 참고로 책에서 best-seller(베스트셀러)와 비슷한 인기 순위로, 음악에서는 billboard chart(빌보드 차트), 연극이나 영화에서는 box-office(박스오피스)가 있습니다.

☑ 책 내용 간략하게 물어보기

Lina **Have you read this before?**
Owner **I haven't read it yet. But I have heard this book is very well written.**

책 내용을 간략하게 물어보려면, 직접적으로 What's the book about?이라고 말할 수도 있겠지만, 돌려서 Have you read this before?(이거 읽어본 적 있으세요?)라고 물어보면 자연스럽게 책의 내용에 관해 물을 수 있겠죠. 여기서 중요한 문법 포인트! 경험에 관련해서 물어볼 때는 현재완료 시제를 사용해서 I have been to the States.(나 미국 가봤어.) I have met her.(나 그를 만난 적 있어.) She has written novels before.(그녀는 소설을 쓴 적이 있어.) 이렇게 말합니다. 참고로 〈Have you ever + p.p(현재완료)?〉에서 ever는 '여지껏'이라는 강조 부사이기 때문에 써도 되고 안 써도 그만입니다.

You know, my friend was talking about this book all day long.

제 친구가 종일 이 책에 관해서 이야기하더라고요.

---

all day long은 '하루 종일, 아침부터 밤까지'라는 뜻이에요. all day라고 해도 '온종일, 하루 종일'이라는 뜻이 되지만 뒤에 long을 추가해 넣어서 all day보다 더 하루 종일이라는 것을 강조했습니다. 비슷한 뜻의 표현으로는 from morning till night(아침부터 밤까지), the whole day 그리고 throughout the day도 있다는 것을 알아두세요!

I was busy all day long.   나는 하루 종일 바빴어요.
They were with me all day long.   그들은 나와 하루 종일 있었어요.
I could watch the sea all day long.   나는 하루 종일 바다를 볼 수 있을 것 같아요.

So I was eager to find one.

그래서 정말 찾고 싶었어요.

〈be eager to + 동사〉는 '몹시 ~하고 싶어하다'라는 뜻으로 영어에서는 흔히 사용하는 표현이지만 낯설게 느끼는 분도 있을 것 같습니다. '갈망하다, 열망하다'라는 뜻도 가지고 있어요. 비슷한 말로는 〈be anxious to〉가 있습니다. She was anxious to be a teacher.(그녀는 교사가 되기를 갈망했다.)처럼 쓸 수 있습니다. 그 외에 〈be keen to〉, 〈long to〉, 〈aspire to〉도 비슷한 의미를 가지고 있습니다.

I'm eager to learn English from a good teacher.
나는 좋은 선생님에게서 영어를 배우고 싶어요.

I'm eager to study abroad in America.
미국에서 유학하고 싶어요.

I was eager to have dinner here.
나는 이곳에서 꼭 저녁을 먹고 싶었어요.

I haven't read it yet.

아직 읽어본 적은 없어요.

---

yet은 문장 맨 뒤에서 현재완료 시제와 어울려 쓰여요. '아직'이라는 뜻으로 부정문이나 의문문에서 아직 안 했거나 못 했다고 말할 때 쓰는 표현입니다.

I haven't received the letter from him yet.
나는 그에게서 아직 편지를 받지 못했어요.

Is my shirt ironed yet?
내 셔츠 다림질 됐어요?

Has Mom come yet?
엄마가 벌써 왔나요?

➕ yet의 다른 쓰임으로, 상대방에게 아직 무언가를 하지 말라고 할 때 부정문에서 사용할 수 있습니다.

Don't start yet. 아직 시작하지 마.
Don't go yet. 아직 가지 마.

Wow, I can't wait to read this.

빨리 읽고 싶네요.

〈can't wait to + 동사〉는 '빨리 ~하고 싶다' 혹은 '~가 기대된다'라는 뜻이에요. 하고 싶은 일을 기다리거나 참아야 하는 상황에서 쓸 수 있는 말이죠. to 뒤에는 동사원형이 와야 한다는 걸 잊지 마세요. 또한 can't wait for 뒤에는 명사가 옵니다. I can't wait for Chrismas!(크리스마스가 빨리 왔으면 좋겠다!)처럼 말이죠.

I can't wait to watch *Avengers*. 〈어벤져스〉 빨리 보고 싶다.
I can't wait to meet Anna! 애나를 만나는 것이 기대돼요.
We can't wait to get back home. 우리는 빨리 집에 돌아가고 싶어요.

Drill 1

학습한 내용을 응용하여 영작해보세요.

1

소설 책들은 어디에 있나요?　　　　　　　　　**보기** find, the, where, I, novels, can

2

우리는 하루 종일 그 영화에 대해 이야기를 했어요.

보기 talking, long, we, movie, all, were, about, day, the

3

너를 만나기를 엄청 기대했어.　　　　　　**보기** see, was, you, eager, I, to

4

이것을 전에 본 적이 있나요?　　　　　　　**보기** this, have, before, seen, you

5

아직 시도해본 적은 없어요.　　　　　　　**보기** it, tried, I, yet, haven't,

Drill 2

영어를 가리고 한국어를 보면서 바로 말할 수 있는지 체크해보세요.

☐ 베스트셀러 책은 어디 있나요?	Where can I find the best-seller books?
☐ 제 친구가 종일 이 책에 관해서 이야기하더라고요.	My friend was talking about this book all day long.
☐ 정말 찾고 싶었어요.	I was eager to find one.
☐ 읽어본 적은 없는데.	I haven't read it yet.
☐ 빨리 읽고 싶네요.	I can't wait to read this.
☐ 도와주셔서 감사합니다.	Thanks for your help.
☐ 그들은 나와 하루 종일 있었어요.	They were with me all day long.

정답 **1** Where can I find the novels? **2** We were talking about the movie all day long. **3** I was eager to see you. **4** Have you seen this before? **5** I haven't tried it yet.

자전거 빌리기

자전거 대여를 위해 기계 앞에 선 리나.
오늘은 어떤 미션을 받게 될까요?

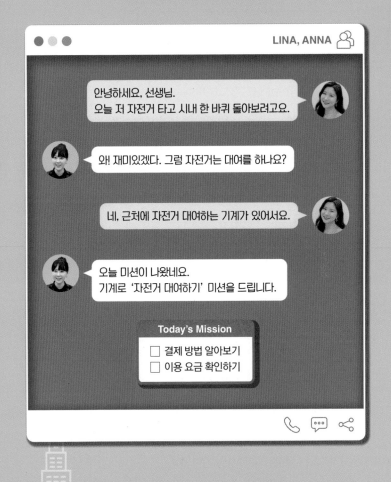

Lina

[Get started.]

[Continue.] [One moment, please.] Okay.

Oh, I can use the app as well.

[Please insert and remove your card.]

Here you go.

[24 hours, 15 dollars.] Great.

[30 mins limitation.] 1. 18 years older... yes!

Total 16.33... Okay.

[My phone number.] Yes, notification.

[ZIP code.] Agree. I agree.

[In NYC, riders must yield to pedestrians. Stay off the sidewalks. Obey traffic lights. Ride with traffic.] Great.

Okay. Great!

get started 시작하다　**continue** 계속하다　**moment** 잠깐, 잠시　**app** 응용 프로그램(application 의 약자)　**insert** 넣다　**remove** 빼다, 내보내다, 치우다　**limitation** 제한, 한계　**notification** 알림 **NYC** 뉴욕시(New York City의 약자)　**yield to** 양보하다, 포기하다, 물러서다　**pedestrian** 보행자 **stay off** 멀리하다, 삼가다　**sidewalk** 인도, 보도　**obey** 따르다, 시키는 대로 하다　**traffic lights** 교통 신호등(traffic 교통, 차량들)　**ride** (타고) 달리다(rider 라이더, 타는 사람)

리나	[시작.]
	[계속.] [잠시만 기다리세요.] 알겠습니다.
	오, 어플로 할 수도 있네.
	[카드를 넣고 빼세요.] 됐다.
	[24시간, 15달러.] 좋아.
	[30분 제한.] 1. 열여덟 살 이상… 네!
	총 16.33… 좋아.
	[전화번호.] 여기요, 알림 설정.
	[우편번호.] 동의합니다.
	[뉴욕에서는 보행자에게 반드시 양보하세요. 인도를 피하세요. 신호를 준수하세요. 자동차와 함께 달리세요.] 알겠습니다.
	됐다. 좋아!

Mission Completed

리나가 어떻게 미션을 달성했는지 보세요.

☑ 결제 방법 알아보기

Lina **[Please insert and remove your card.] Here you go.**

신용카드로 결제할 때는 Please insert and remove your card.(카드를 넣었다가 빼주세요.)라는 말이 나오고, 신용카드를 기계에 넣은 후 결제가 끝나면 뺍니다. 또 다른 결제 방법으로는 contactless payment가 있습니다. 이것은 카드를 기계에 넣지 않고 결제하는 '비접촉식 결제'를 의미합니다.

☑ 이용 요금 확인하기

Lina **[24 hours, 15 dollars.] Great.**

24 hours, 15 dollars는 '24시간 이용에 15달러'라는 말로, 이처럼 이용 시간에 드는 비용을 말할 때는 시간 다음에 금액에 나옵니다. 6 hours, 5 dollars라고 하면 '6시간 이용에 5달러'가 되겠죠. 시간당 이용료가 책정되는 경우에는 어떨까요? It costs 2 dollars per hour.(시간당 2달러입니다.)라고 말하면 됩니다.

Get started.

시작.

'시작하다'라는 의미의 started에는 Let's start.와 Let's get started.가 있는데요. 둘 다 시작한다는 의미는 같은데 미세하게 차이가 있습니다. Let's start.는 '우리 시작합시다.'로 특정한 대상이 없지만 사람들의 행동을 시작하자는 뜻이에요. Let's get (something) started.는 강의, 파티, 공연 등 특정의 것을 시작하자고 할 때 사용합니다. 다시 말해 something을 시작하자는 뜻이며, 대상이 주체가 된다고 생각하면 쉽습니다.

Let's get the lesson started!   수업을 시작합시다!
Let's start the show.   쇼를 시작하자.
Let's get the music started!   음악을 시작하자!
Let's get this party started!   이 파티를 시작하자!

➕ I'll get started. 라는 문장도 알아볼까요?
이는 상황에 따라서 '지금 출발할 거야.' 또는 '지금 시작할 거야!'라는 표현이랍니다. 상대방이 나에게 Get started! 라고 하면 '지금 시작해!' 또는 '지금 출발해!'라는 뜻이니 바로 시행해보는 것도 좋겠죠.

30 mins limitation.

30분 제한.

'제한'이라는 뜻의 limitation은 어떤 대상을 통제하거나 제한하는 뜻으로 사용하고, 30 minutes limitation이라고 하면 '30분으로 제한을 두다'라는 의미로 쓰입니다.

Some companies have an age limitation.
어떤 회사들에는 나이 제한이 있어요.

You can eat food without limitation.
제한 없이 음식을 먹을 수 있어요.

You can have an hour limitation.
한 시간 제한이 주어져요.

In NYC, riders must yield to pedestrians.

뉴욕에서는 보행자에게 반드시 양보하세요.

'~해야 한다'라는 뜻의 조동사 must는 굉장히 강한 충고를 나타냅니다. 긍정으로 쓰일 땐 의무가 되고 부정으로 쓰일 땐 금지가 되죠. 따라서 대화문에서 must는 '우리가 안내하는 부분을 꼭 지켜야 한다. 그렇지 않을 경우 벌금 혹은 처벌이 적용될 수 있다'는 의미를 가지고 있습니다. Yield to pedestrians.(보행자에게 양보해주세요.) 외의 표현으로 Stay off the sidewalks. (인도를 피해주세요.), Obey traffic lights.(신호를 지켜주세요.), Ride with traffic.(자동차가 가는 방향대로 가세요.)가 있습니다.

You must listen to your parents.   부모님 말씀을 들어야 해요.
I must not drink.   술을 마시면 안 돼요.
Dogs must not eat chocolate.   개들은 초콜릿을 먹으면 안돼요.

➕ must와 have to의 차이점을 알아볼까요? 둘 다 '~해야 한다'라는 강력한 의지와 의무를 표현할 때 사용하지만 분명한 차이가 있습니다. 예를 들어 '담배를 끊어야 한다.'라는 뜻으로 I must stop smoking.과 I have to stop smoking.으로 말할 수 있죠. 이때 must는 내 의지로 금연을 해야 한다는 것을 의미하고, have to는 타인에게 말을 들어서 금연을 해야 한다는 것을 의미합니다.

You have to be quiet in the library.   도서관에서 조용히 해야 한다.
I have to work on sunday.   나는 일요일에 일해야 한다.

Ride with traffic.

자동차와 함께 달리세요.

Ride with traffic을 직역하면 '자동차와 함께 달리세요.'가 되죠. 자동차가 가는 방향대로 가고 자동차 반대방향으로 가지 말라는 뜻입니다.

There is no traffic.   차가 안 밀려요.
There's a lot of traffic.   차가 굉장히 막혀요.
People were stuck in traffic.   사람들이 교통체증에 걸렸어요.

➕ 명사 traffic은 '차량들, 교통량, 수송, 통신' 등의 다양한 뜻을 가지고 있습니다.

I was late because of heavy traffic.   교통량이 많아서 늦었어.
Air traffic had returned to normal.   항공 수송은 다시 정상화됐어요.

1

이제 시작해보자.　　　　　　　　　　　　　보기 get, started, let's

2

신용카드를 제거해주세요.　　　　　　　보기 credit, please, your, card, remove

3

12시간에 24달러예요.　　　　　　　　　　보기 dollars, 12, 24, hours

4

라이더는 인도를 피하세요.　　　　　보기 stay, riders, the, must, sidewalks, off

5

라이더는 자동차 방향으로 달리세요.　　　보기 with, riders, traffic, ride, must

Drill 2

영어를 가리고 한국어를 보면서 바로 말할 수 있는지 체크해보세요. 44 02

☐ 시작.	Get started.
☐ 카드를 넣고 빼세요.	Please insert and remove your card.
☐ 24시간에 15달러.	24 hours, 15 dollars.
☐ 뉴욕에서는 보행자에게 반드시 양보하세요.	In NYC, riders must yield to pedestrians.
☐ 신호를 준수하세요.	Obey traffic lights.
☐ 자동차와 함께 달리세요.	Ride with traffic.
☐ 한 시간 제한이 주어져요.	You can have an hour limitation.

정답 **1** Let's get started. **2** Please remove your credit card. **3** 12 hours, 24 dollars. **4** Riders must stay off the sidewalks. **5** Riders must ride with traffic.

멕시코 식당에서 식사하기

멕시코 식당에 간 리나. 오늘은 애나 선생님에게서 어떤 미션을 받게 될까요?

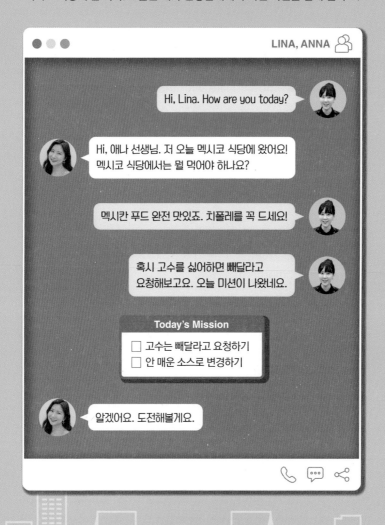

LINA, ANNA

Hi, Lina. How are you today?

Hi, 애나 선생님. 저 오늘 멕시코 식당에 왔어요! 멕시코 식당에서는 뭘 먹어야 하나요?

멕시칸 푸드 완전 맛있죠. 치폴레를 꼭 드세요!

혹시 고수를 싫어하면 빼달라고 요청해보고요. 오늘 미션이 나왔네요.

Today's Mission
- [ ] 고수는 빼달라고 요청하기
- [ ] 안 매운 소스로 변경하기

알겠어요. 도전해볼게요.

오늘의 대화문을 귀 기울여 들어보세요. 45 01

Waitress	Hello, how can I help you today?
Lina	Hello, I'd like to have a burrito bowl. But is there any cilantro in it?
Waitress	Yes, it **does** have cilantro inside of it.
Lina	Could you please put the cilantro on the side?
Waitress	Sure, no problem. And what kind of sauce would you like with that.
Lina	Do you have chipotle sauce?
Waitress	Oh, actually **out of** chipotle, but we do have a spicy Mexican sauce as the substitute.
Lina	Is it really **spicy**? I'd like to have something mild.
Waitress	It is **quite** spicy. Yes. We do have a sweet onion sauce too.
Lina	Then, I **will go with** that. Thank you.

burrito 부리토(토르티야로 고기, 콩 등을 싼 멕시코 음식) **bowl** 한 그릇 **cilantro** 고수 **inside** 안에
on the side 따로 **chipotle sauce** 치폴레 소스(chipotle 훈제한 할라피뇨) **be out of** ~을 다 써서
없다[떨어졌다] **substitute** 대체물 **spicy** 양념 맛이 강한, 매운 **mild** 순한, 약한 **quite** 꽤, 상당히
go with 선택하다, 고르다

하점원	안녕하세요, 어떻게 도와드릴까요?	리나	치폴레 소스 있나요?
리나	안녕하세요, 부리토 볼을 주문하려고 하는데요. 안에 고수가 들어가나요?	점원	아, 사실 치폴레 소스가 다 떨어졌는데, 대신 매운 멕시칸 소스가 있어요.
점원	네, 안에 고수가 들어가요.	리나	많이 매운가요? 많이 맵지 않은 걸 먹고 싶어요.
리나	고수는 따로 주실 수 있나요?	점원	꽤 매워요. 그럼 스위트 어니언 소스도 있어요.
점원	네, 걱정 마세요. 소스는 어떤 걸로 하시겠어요?	리나	그럼 그걸로 주세요. 감사합니다.

Mission Completed

리나가 어떻게 미션을 달성했는지 보세요.

☑ 고수는 빼달라고 요청하기

Lina **Could you please put the cilantro on the side?**

Waitress **Sure, no problem. And what kind of sauce would you like with that.**

'고수'는 영어로 cilantro 또는 coriander라고 하고 이것을 음식에서 빼달라고 할 때는 on the side(따로)를 사용해서 Could you please put the cilantro on the side?라고 말하면 됩니다. I'll have the salad and can I have the dressing on the side? 저는 샐러드로 주시고 드레싱은 따로 주세요.

➕ on the side의 다른 뜻으로는 '부업'도 있습니다. I'm a teacher, but I also write novels on the side.(나는 선생님이지만, 부업으로 소설도 써요.)

☑ 안 매운 소스로 변경하기

Lina **Is it really spicy? I'd like to have something mild.**

Waitress **It is quite spicy. Yes. We do have a sweet onion sauce too.**

Lina **Then, I will go with that. Thank you.**

음식이 매운지를 물어볼 때는 Is it really spicy?라고 말하고 안 매운 소스로 변경하고 싶으면 I'd like to have something mild.라고 하면 됩니다. 음식과 함께 사용하는 mild는 '순한, 맵지 않은'이라는 뜻이에요.

회화 실력을 업그레이드해주는 표현을 익혀보세요.

Yes, it does have cilantro inside of it.

네, 안에 고수가 들어가요.

does는 이 음식에 고수가 있다는 것을 강조하기 위해 동사 have 앞에 들어갔어요. 이렇게 문장에 do를 넣어서 강조할 수 있습니다. 동사 앞에 오는 do는 강조의 의미라는 것을 알아두세요. 동사가 2개 있다고 놀라지 말고요!

I do love coffee!　　　　　　　　나는 커피를 아주 좋아해요!
It does have gold in it.　　　　　이 안에 정말 금이 있어요.
I really do like reading.　　　　나는 정말 독서를 좋아해요.

Oh, actually out of chipotle.

아, 사실 치폴레 소스가 다 떨어졌는데요.

be out of는 '~을 다 써서 없다, ~가 떨어졌다'라는 의미예요. 여기서는 구어체로 앞에 주어와 be동사 we're를 생략했네요. Oh, we're actually out of chipotle.가 맞겠죠?

I'm always out of food.　　　　　나는 항상 음식이 떨어져요.
We are all out of it.　　　　　　우리는 음식이 다 소진됐어요.
Sorry, we're all out of meat.　　죄송해요, 고기가 다 떨어졌어요.

Is it really spicy?

많이 매운가요?

보통 spicy는 '양념이 강한'이라는 뜻인데, '매운'이라는 뜻으로도 쓰여서 hot과 같은 의미를 가지고 있어요. 이렇게 spicy는 두 가지 의미로 다 쓸 수 있답니다.

I can't eat spicy food.　　　　　　　나는 매운 음식을 못 먹어요.
Can you make it less spicy?　　　　좀 덜 맵게 해줄 수 있나요?
My child can't eat spicy food well.　내 아이가 매운 음식을 잘 못 먹어요.

➕ '매운 거 잘 먹어?'라고 물어보는 표현도 알아볼까요? handle이라는 동사를 사용해서 문장을 만들 수 있습니다. Can you handle spicy food?는 직역하면 '매운 음식 감당할 수 있겠어?'가 되고 의역하면 '매운 거 잘 먹어요?'라는 뜻입니다.

It is quite spicy.

꽤 매워요.

quite은 '꽤, 상당히'라는 뜻의 부사로, quite 대신에 pretty를 써도 상관없습니다. It is pretty spicy.

We play basketball quite well.	우리는 꽤 농구를 잘해요.
I quite like musicals.	나는 뮤지컬을 꽤 좋아해요.
This box is quite heavy.	이 상자는 꽤 무거워요.

Then, I will go with that.

그럼 그걸로 주세요.

will

조동사 will은 단순미래인 '~할 것이다'라는 의미 외에 의지미래인 '~할 작정이다'를 표현할 때도 쓰입니다.

We'll go right now.	우리는 지금 당장 갈 거예요.
The red team will win this game.	레드팀은 이번 경기에 이길 거예요.
I'll finish the dishes for you.	당신을 위해 설거지를 할게요.

go with

go with는 '제의를 받아들이다'의 뜻으로, 비슷하게는 I'll take that one.(전 그걸로 할게요.) 이라고도 말할 수 있습니다.

I think we can go with your offer.	당신의 의견을 받아들일 수 있을 거 같아요.
We'll go with your plan.	우리는 너의 계획을 따를게.
Let's go with that.	그걸로 하자.

1

_____

드레싱을 따로 주시겠어요?　보기 put, side, could, the, you, on, please, dressing, the

2

_____

우린 너의 계획을 따를게.　보기 your, go, plan, we'll, with

3

_____

타르타르 소스가 다 떨어졌어요.　보기 of, sauce, we're, tartar, out

4

_____

그거 정말 달아요?　보기 really, is, sweet, it

5

_____

이 음식은 꽤 짜요.　보기 is, salty, this, quite, food

☐ 고수는 따로 주실 수 있나요?	Could you please put the cilantro on the side?
☐ 아, 사실 치폴레 소스가 다 떨어졌어요.	Oh, actually out of chipotle.
☐ 많이 매운가요? 많이 맵지 않은 걸 먹고 싶어요.	Is it really spicy? I'd like to have something mild.
☐ 꽤 매워요.	It is quite spicy.
☐ 그럼 그걸로 주세요.	Then, I will go with that.
☐ 나는 커피를 아주 좋아해요!	I do love coffee!

 정답　**1** Could you please put the dressing on the side? **2** We'll go with your plan. **3** We're out of tartar sauce. **4** Is it really sweet? **5** This food is quite salty.

소지품 분실에 대응하기

리나에게 무슨 문제가 생겼나봐요. 식당 앞에서 라이브 방송을 시작하네요.
자, 여러분 리나의 라이브 방송에 들어가볼까요?

안녕하세요, 여러분.
제가 급하게 라이브를 켠 이유는요,
방금 제가 식당에서 나왔는데
지갑을 두고 온 것 같아서요.
이럴 땐 어떻게 해야 할지
여러분에게 알려드리려고요.

누가 이미 훔쳐 간 거 아님??

설마. 한국이면 자리에
그대로 있을 텐데. 제발~!

이런 상황에도 우릴 생각하고 리나 센스 짱!

소지품 분실 시 어떻게 대응할지를
오늘의 미션으로 드리겠습니다!

Today's Mission

☐ 지갑을 분실했다고 알리기
☐ 찾으면 알려달라고 연락처 남기기

Lina	Hi, I think I left my wallet a couple of minutes ago. Could you please check?
Staff	I didn't see any. But I'll ask other employees. What color was it?
Lina	It's a quilted black wallet. I was just here 5 minutes ago.
Staff	One moment.
Lina	Thank you.
Staff	Sorry, we couldn't find anything on the floor and the table. But we can let you know when we find it. Can I have your phone number?
Lina	Sure. My number is… 917 333 4441. Please contact me if you happen to find my wallet.
Staff	We will try our best to find it and let you know ASAP.
Lina	Thank you so much. Bye.

---

leave 두다, 놓다, 떠나다, 남기다(과거형 left)   **check** 확인하다   **a couple of~** 몇 개의, 둘의, 두서너 개의
employee 직원, 고용인, 종업원   **quilted** 누비로 된   **contact** 연락하다   **happen to** 우연히 ~하다
ASAP(as soon as possible) 최대한 빨리   **try one's best** 최선을 다하다, 노력하다, 애쓰다

리나	안녕하세요, 몇 분 전에 지갑을 놓고 간 것 같아서요. 확인해주실 수 있나요?
직원	저는 못 봤는데요. 다른 직원에게 물어볼게요. 무슨 색이죠?
리나	블랙 퀼팅 지갑이에요. 5분 전에 여기 다녀갔어요.
직원	잠시만요.
리나	감사합니다.
직원	죄송하지만, 바닥이나 테이블에 서 본 게 없어요. 만약 발견하면 알려드릴게요. 전화번호를 알려주시겠어요?
리나	물론이죠. 제 번호는… 917 333 4441이에요. 혹시나 제 지갑을 발견하면 연락해주세요.
직원	최선을 다해 찾아보고 빠르게 연락드릴게요.
리나	감사합니다. 안녕히 계세요.

Mission Completed

리나가 어떻게 미션을 달성했는지 보세요.

☑ 지갑을 분실했다고 알리기

Lina **Hi, I think I left my wallet a couple of minutes ago. Could you please check?**

Staff **I didn't see any. But I'll ask other employees. What color was it?**

식당이나 매장에서 소지품을 분실했을 때 직원에게 알리는 표현을 알아볼까요? 리나는 I think I left my wallet a couple minutes ago. Could you please check?이라고 말했어요. 그럼 이 표현을 조금 바꿔서 말해볼까요? I think는 살리고 뒤를 조금 바꿔서 '여기다 지갑을 놓고 간 거 같아요. 보셨나요?' I think I left my wallet here. Have you seen it? 아니면 '좀 전에 지갑을 잃어버렸어요. 찾는 거 도와주실 수 있나요?' I lost my wallet a couple of minutes ago. Could you help me find it?이라고 표현할 수 있습니다.

☑ 찾으면 알려달라고 연락처 남기기

Lina **Please contact me if you happen to find my wallet.**

Staff **We will try our best to find it and let you know ASAP.**

직원에게 분실한 소지품을 찾게 되면 연락달라고 말할 때는 Please contact me if you happen to find my wallet.이라고 말하면 됩니다. 또는 contact 대신에 give me a call을 넣어서 Please give me a call if you find it.이라고 말합니다. if를 앞에 넣어서 말해도 돼요. If you find it, can you call me back?(혹시 찾으면 저한테 연락주실 수 있을까요?)

I think I left my wallet a couple of minutes ago.

몇 분 전에 지갑을 놓고 간 것 같아서요.

---

a couple of라는 표현은 '몇 개의, 두서너 개의'로 정확하게 짚어 말하기 조금 애매할 때 두루뭉실하게 표현하고 싶을 때 사용하는 말입니다. 대충 시간이 기억 난다면 I was here for dinner and I left my wallet about 20 mins ago.(여기서 저녁을 먹었는데 20분 정도 전에 지갑을 놓고 갔어요.)

I had lunch a couple of hours ago.   나는 한두 시간 전에 점심을 먹었어요.
We went there a couple of years ago.   우리는 그곳을 몇 년 전에 갔었어요.
I think I saw you a couple of days ago. 널 며칠 전에 본 것 같아.

➕ 리나는 간접적으로 '여기에 지갑을 놓고 간 것 같아요.'라고 말했죠. 직접적으로 물어볼 때는 Have you seen my wallet? I think I lost it here.라고도 말할 수 있어요. 물건을 분실했을 때 알아두면 좋은 표현을 알려줄게요. '분실물 센터가 어디예요?'는 '분실물 보관소'라는 뜻의 lost and found를 써서 Where is the lost and found?라고 하면 됩니다.

What color was it?

무슨 색이었죠?

직원은 리나의 지갑이 무슨 색깔이냐고 물어볼 때 What color was it?이라고 했어요. 이렇게 과거형(was)으로 물어보는 이유는 분실한 지갑이고 현재는 없기 때문이죠. 그래서 What color is it?보다는 What color was it?으로 물어봅니다. 같은 의미로 직원이 이렇게 물어볼 수도 있겠죠. Can you tell me what it looks like?(어떻게 생겼는지 말씀해주시겠어요?) 이 표현도 알아두세요!

Can you tell me the color?   색을 알려주실래요?
What color is your wallet?   지갑이 무슨 색인가요?
What does it look like?   어떻게 생겼나요?

I was just here 5 minutes ago.

5분 전에 여기 다녀갔어요.

부사 ago는 '(얼마의 시간) 전에'라는 뜻으로, 여기서는 5 minutes ago이니 '5분 전에'가 되겠네요. 리나는 어디서 지갑을 잃어버렸는지 알기 때문에 이렇게 말했어요. 정확히 어디서 잃어버렸는지 기억이 안 날 땐 I'm not sure where I lost it.이라고 말하면 됩니다.

He was here just a minute ago.	그는 방금 전에 여기 있었어요.
They were in this room an hour ago.	그들은 한 시간 전에 이 방에 있었어요.
I was with him a few minutes ago.	나는 몇 분 전에 그와 함께 있었어요.

Please contact me if you happen to find my wallet.

혹시나 제 지갑을 발견하면 연락해주세요.

contact는 '연락'이라는 뜻도 있지만, '연락하다'라는 뜻도 있어요. 여기서는 동사로 '연락하다'로 쓰였네요. 앞서 말했듯 give me a call을 사용할 수도 있어요. '혹시 찾으면 연락주세요.' Please give me a call if you find it. 또는 If you find it, can you call me back?

Could you contact me if you find it?
혹시 그것을 찾으면 저한테 연락 주시겠어요?

I've been trying to contact you all day long.
나는 하루 종일 너에게 연락하려고 하는 중이야.

We will try our best to find it and let you know ASAP.

최선을 다해 찾아보고 빠르게 연락드릴게요.

ASAP는 As Soon As Possible의 줄임말로 '가능한 한 빨리'라는 의미입니다. 미국 사람들이 흔히 줄여서 말하는 표현이죠.

Could you give me your answer ASAP?	답변을 당장 줄 수 있겠어요?
I need your help ASAP.	당신의 도움이 당장 필요해요.
Will you give me a reply ASAP?	답장을 가능한 한 빨리 주실 수 있나요?

Drill 1

학습한 내용을 응용하여 영작해보세요.

1

_____

몇 시간 전에 전화기를 놓고 간 것 같아서요.

보기 ago, left, hours, think, a, I, of, phone, I, my, couple, here

2

_____

색을 알려주실래요?

보기 tell, color, can, the, you, me

3

_____

30분 전에 여기 있었어요.

보기 just, ago, I, here, minutes, was, 30

4

_____

혹시 그것을 찾으면 저한테 연락 주시겠어요?

보기 if, you, find, could, me, it, contact, you

5

_____

당신의 도움이 당장 필요해요.

보기 help, need, ASAP, I, your

Drill 2

영어를 가리고 한국어를 보면서 바로 말할 수 있는지 체크해보세요. 46 02

☐ 몇 분 전에 지갑을 놓고 간 것 같아서요.	I think I left my wallet a couple of minutes ago.
☐ 확인해주실 수 있나요?	Could you please check?
☐ 무슨 색이었죠?	What color was it?
☐ 5분 전에 여기 다녀갔어요.	I was just here 5 minutes ago.
☐ 혹시나 제 지갑을 발견하면 연락해주세요.	Please contact me if you happen to find my wallet.
☐ 최선을 다해 찾아보고 빠르게 연락드릴게요.	We will try our best to find it and let you know ASAP.
☐ 나는 한두 시간 전에 점심을 먹었어요.	I had lunch a couple of hours ago.

 1 I think I left my phone here a couple of hours ago. **2** Can you tell me the color? **3** I was just here 30 minutes ago. **4** Could you contact me if you find it? **5** I need your help ASAP.

48

옷 환불하기

저번 주에 구입한 옷을 가지고 옷 가게에 간 리나.
오늘은 어떤 미션을 받게 될까요?

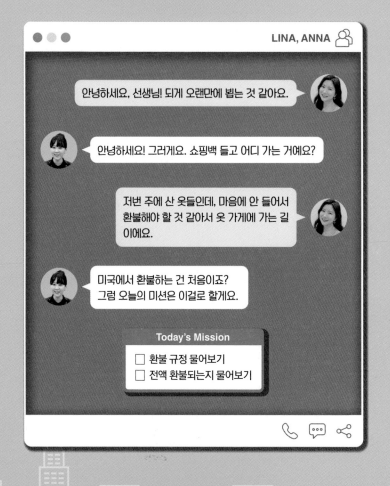

LINA, ANNA

안녕하세요, 선생님! 되게 오랜만에 뵙는 것 같아요.

안녕하세요! 그러게요. 쇼핑백 들고 어디 가는 거예요?

저번 주에 산 옷들인데, 마음에 안 들어서 환불해야 할 것 같아서 옷 가게에 가는 길이에요.

미국에서 환불하는 건 처음이죠?
그럼 오늘의 미션은 이걸로 할게요.

Today's Mission
☐ 환불 규정 물어보기
☐ 전액 환불되는지 물어보기

Live Talk

Lina	Hello! I'd like to return these clothes.
Employee	Sure, do you have your receipt?
Lina	Hold on… Here it is.
Employee	Oh, okay. You got this last week!
Lina	Yeah. It's just too big for me. I know I should've tried it on before buying it… But… Yeah. Um… What's the refund policy?
Employee	So… The refund policy is usually printed on the receipt, but I think yours got cut off for some reason. Anyway, you can exchange this item for another item or get a full refund.
Lina	May I get a full refund then?
Employee	Of course, your full refund would be in your bank account in the next 3 business days.
Lina	Okay.
Employee	Follow me.
Lina	Thank you.

return 돌려주다, 반납하다 **clothes** 옷, 의류 **receipt** 영수증 **hold on** 기다리다, 멈추다 **get** 사다
refund policy 환불 규정 **print** 찍다, 프린트하다, 인쇄하다 **get cut off** 잘리다, 끊기다 **for some
reason** 어떤 이유로 **exchange A for B** A를 B로 교환하다[바꾸다] **item** 제품 **a full refund** 전액
환불 **bank account** 은행 계좌 **business day** 영업일, 평일

리나	안녕하세요! 이 옷을 돌려드리고 싶은데요.		잘린 것 같네요. 아무튼 다른 제품과 교환하거나 환불받을 수 있어요.	
직원	네, 영수증 있으세요?			
리나	잠시만요… 여기 있어요.	리나	그럼 환불받을 수 있을까요?	
직원	아, 네. 지난주에 사셨네요!	직원	물론이죠, 환불된 금액은 영업일로 3일 후에 은행 계좌로 들어갈 거예요.	
리나	네. 저한테 너무 커서요. 사기 전에 미리 입어봤어야 한다는 거 알지만… 하지만… 네. 음… 환불 규정이 어떻게 되나요?	리나	네.	
		직원	따라오세요.	
직원	환불 규정은 주로 영수증 하단에 있는데, 어떤 이유로 손님 것은	리나	감사합니다.	

Mission Completed
리나가 어떻게 미션을 달성했는지 보세요.

☑ 환불 규정 물어보기

Lina **What's the refund policy?**

Employee **So… The refund policy is usually printed on the receipt, but I think yours got cut off for some reason.**

물건을 환불받고 싶을 때는 상점마다 다른 환불 규정이 있으므로 이에 대해 물어야겠죠. What's the refund policy? 혹은 What kind of return policy do you have? 아니면 원어민들은 이런 식으로도 말합니다. What's the return policy on this stuff? 만약 환불이 안 되고 교환만 된다면 직원이 이런 식으로 말할 겁니다. We don't give cash refunds but you can exchange it.(저희는 현금으로 환불을 해드리지는 않지만 교환은 가능합니다.)

☑ 전액 환불되는지 물어보기

Lina **May I get a full refund then?**

Employee **Of course, your full refund would be in your bank account in the next 3 business days.**

'전액 환불'은 a full refund라고 합니다. 또 '~할 수 있나요?'라고 물을 때는 may나 can을 써서 May I get a full refund then? 또는 Can I get a full refund?라고 말할 수 있습니다. '환불로 제 돈을 돌려받을 수 있을까요?'라고 묻고 싶을 때는 Can I get my money back? 아니면 좀 더 공손하게 I'd like to를 써서 I'd like to return this item, can I get a full refund?

Hello! I'd like to return these clothes.

안녕하세요! 이 옷을 환불받고 싶은데요.

바로 직원에게 환불을 요청하기보다는 I'd like to return this.와 같이 '이 물건을 돌려준다'는
개념의 return을 쓴 뒤에 환불을 받을 수 있는지 물어보는 것을 추천해요. 비슷한 다른 표현은
다음과 같습니다.

Can I return this item? 이 제품 환불받을 수 있나요?
I'd like to return this shirt. 이 셔츠를 환불받고 싶어요.
I want to return these pants. 이 바지를 환불받고 싶어요.
➕ return은 '돌아오다'라는 뜻으로도 쓰입니다.
I waited for her to return. 나는 그녀가 돌아오기를 기다렸다.
He returned home. 그는 집으로 돌아왔다.

It's just too big for me.

저한테 너무 커서요.

옷을 구입한 후 교환이나 환불을 요청하는 사유에는 사이즈가 안 맞는 경우가 있죠. 이럴 때
는 It doesn't fit.이라고 말해요. 구체적으로 어떻게 안 맞는지를 말할 때는 It's too big for
me.(나한테 너무 커요.)라고 할 수 있어요. 반대로 '작다'라고 할 때는 It's small.이나 Tight
for me.라고 말하면 됩니다.

They're too big for me. 나한테 너무 커요.
This hat is too big for me. 이 모자가 나한테 너무 커요.
It's too big for my wife. 아내에게는 너무 커요.
➕ 다른 환불 사유도 알아볼까요? 얼룩이 묻었을 때는 I didn't notice when I bought it. There is a stain
on it.(살 때는 몰랐어요. 얼룩이 있어요.)이라고 하면 되겠죠. 또는 It's stained.이라고도 해요. 나의 단순 변
심이라면 I changed my mind.라고 말하면 됩니다.

Anyway, you can exchange this item for another item or get a full refund.

아무튼 다른 제품과 교환하거나 환불받을 수 있어요.

---

exchange

exchange는 다른 상품으로 '교환하다'라는 의미로 I'd like to exchange it for a different color.(다른 색상으로 교환하고 싶어요.)라고 표현할 수 있어요.

I want to exchange it for a large one.
사이즈 큰 걸로 교환하고 싶어요.

Can I exchange it for a longer sleeved one?
소매 기장이 좀 더 긴 걸로 교환 가능할까요?

---

refund

명사 refund는 '환불'이라는 뜻인데, 풀이하면 money back이죠. Can I get a refund? Can I get my money back? 환불에도 a full refund(전액 환불)와 a partial refund(부분 환불)가 있으니 알아두세요.

We can give you a partial refund if you want.
원하신다면 부분 환불이 가능해요.

Would you like a refund or store credit?
환불해 드릴까요, 아니면 매장 포인트로 드릴까요?

Your full refund would be in your bank account in the next 3 business days.

환불된 금액은 영업일로 3일 뒤에 은행 계좌로 들어갈 거예요.

---

business days는 '영업일, 평일'이라는 뜻으로 주말이나 공휴일을 제외한 날들을 말합니다. weekdays라는 표현도 사용할 수 있어요.

It will take 5 business days to process a request.
요청사항을 처리하는 데 영업일 5일이 소요돼요.

You can receive your luggage within three business days.
짐은 영업일로 3일 이내에 받을 수 있어요.

You can check the refunded amount within 2 business days.
환불된 금액은 영업일 이틀 내로 확인할 수 있어요.

Drill 1

학습한 내용을 응용하여 영작해보세요.

1

이 제품을 돌려드리려고요. 환불을 받을 수 있을까요?

보기 item, like, I, refund, I'd, get, this, return, to, a, can, full

2

어떤 환불 규정이 있나요?

보기 refund, have, what, you, kind, do, of, policy

3

다른 제품과 교환하거나 부분 환불을 받을 수 있어요.

보기 for, can, refund, exchange, partial, you, item, this, get, or, a, another, item

4

이 모자가 나한테 너무 커요.

보기 hat, me, this, big, is, for, too

5

요청사항을 처리하는 데 영업일 5일 정도 소요돼요.

보기 request, 5, will, to, it, take, days, process, business, a

Drill 2

영어를 가리고 한국어를 보면서 바로 말할 수 있는지 체크해보세요. 🔊 47 02

☐ 이 옷을 환불하고 싶은데요.	I'd like to return these clothes.
☐ 네, 영수증 있으세요?	Sure, do you have your receipt?
☐ 환불 규정이 어떻게 되나요?	What's the refund policy?
☐ 다른 제품과 교환하거나 환불받을 수 있어요.	You can exchange this item for another item or get a full refund.
☐ 그럼 환불받을 수 있을까요?	May I get a full refund then?
☐ 환불된 금액은 영업일로 3일 뒤에 은행 계좌로 들어갈 거예요.	Your full refund would be in your bank account in the next 3 business days.
☐ 저한테 너무 커서요.	It's just too big for me.

정답 **1** I'd like to return this item. Can I get a full refund? **2** What kind of refund policy do you have? **3** You can exchange this item for another item or get a partial refund. **4** This hat is too big for me. **5** It will take 5 business days to process a request.

현지 미용실에서 머리하기

처음으로 미국 미용실에 간 리나. 오늘은 어떤 미션을 받게 될까요?

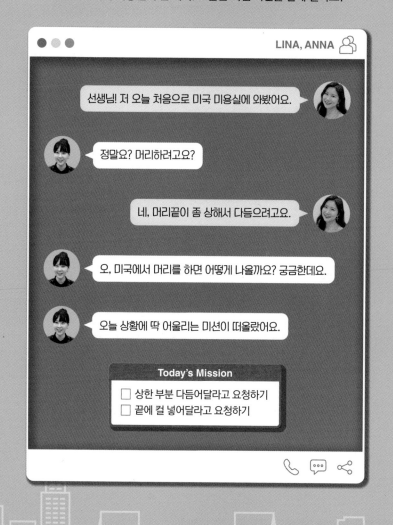

LINA, ANNA

선생님! 저 오늘 처음으로 미국 미용실에 와봤어요.

정말요? 머리하려고요?

네, 머리끝이 좀 상해서 다듬으려고요.

오, 미국에서 머리를 하면 어떻게 나올까요? 궁금한데요.

오늘 상황에 딱 어울리는 미션이 떠올랐어요.

Today's Mission

☐ 상한 부분 다듬어달라고 요청하기
☐ 끝에 컬 넣어달라고 요청하기

Live Talk

Hairdresser	Hello, good afternoon. How would you like your hair done?
Lina	Hello, could you trim my hair a little bit? I'm trying to get rid of the damaged parts of my hair.
Hairdresser	Sure, will that be all?
Lina	Um… Could you add some curls as well?
Hairdresser	Yeah, of course. No problem.
Lina	Thank you.

How would you like ~ done? ~을 어떻게 해드릴까요?　**trim** 다듬다　**a little bit** 아주 조금, 약간
get rid of 제거하다, 없애다　**damaged** 손상된, 상한　**add** 넣다, 추가하다　**curl** (형태가) 곱슬곱슬한 머
리카락, 곱슬머리

미용사	안녕하세요. 머리 어떻게 해드릴까요?
리나	안녕하세요. 조금 다듬어주시겠어요?
	상한 머리를 좀 제거하고 싶어서요.
미용사	그럼요, 그렇게만 하시겠어요?
리나	음… 그리고 컬도 넣어주시겠어요?
미용사	그럼요, 문제없습니다.
리나	감사합니다.

Mission Completed

리나가 어떻게 미션을 달성했는지 보세요.

☑ 상한 부분 다듬어달라고 요청하기

Lina **Hello,** could you trim my hair a little bit?

I'm trying to get rid of the damaged parts of my hair.

Hairdresser **Sure, will that be all?**

머리를 다듬어달라고 말하려면 우선 누군가에게 요청하는 것이니 〈Could you~〉나 〈I'd like to~〉로 시작하죠. '다듬다'라는 단어는 trim이니 Could you trim my hair?라고 말합니다. 리나는 a little bit을 넣어서 조금만 다듬어달라고 따로 요청하네요. 그럼 미용실에서 머리 다듬는 거 말고 또 뭘 할 수 있을까요? 층 내는 것, layer도 할 수도 있겠죠. layer를 넣어서 Could you layer my hair?라고 할 수 있어요. layer 말고 thin out이라는 표현도 있어요. Could you thin out my hair a little bit? 이번에는 my hair 말고 '끝부분'인 my ends를 넣어서 말해보죠. '머리 끝부분 좀 다듬어주시겠어요?' Could you trim my ends?

☑ 끝에 컬 넣어달라고 요청하기

Lina **Um… Could you add some curls as well?**

Hairdresser **Yeah, of course. No problem.**

머리끝에 컬, 즉 curls를 좀 넣어달라고 할 때는 Could you add some curls?라고 말해요. 그러면 이런 말도 할 수 있겠죠. '볼륨 좀 넣어주실래요?' Could you put more volume in my hair? 또 웨이브 펌을 넣고 싶으면 I'd like to get a wavy perm.이라고 말한 후에 오늘의 미션 문장을 추가해서 말하면 더 좋겠죠. I'd like to get a wavy perm and could you add some curls as well? 이렇게요! 이번에는 I'd like to를 써서 염색하고 싶다고 말해보죠. I'd like to color my hair. 그리고 '컬도 추가해주세요.'라고 말하려면? I'd like to color my hair and could you add some curls as well?

How would you like your hair done?

머리 어떻게 해드릴까요?

hair done은 '머리 손질'이라는 뜻으로 have one's hair done은 '머리를 손질하다, 머리를 자르다'라는 의미예요. '나 머리 잘랐어.'라고 하려면 머리는 내가 스스로 하지 못하는 것이니 〈have + 사물 + p.p.〉를 사용해서 I had my hair cut.이라고 말하죠. I cut my hair.라고 말하면 안 된다는 것을 알아두세요.

I'm getting my hair done.   머리 손질을 하러 갈 거예요.
Where did you get your hair done?   그 머리 어디에서 했어요?
Did you get your hair done?   머리 새로 했어?

➕ How would you like your hair done?과 같은 문형으로 How would you like (명사) done?은 '(명사)를 어떻게 해드릴까요?'라는 표현이에요. How would you like your steak done?(스테이크는 어떻게 구워드릴까요?) How would you like your nails done?(손톱은 어떻게 해드릴까요?) 등과 같이 많이 쓰는 표현입니다.

I'm trying to get rid of the damaged parts of my hair.

상한 머리 좀 제거하고 싶어서요.

damaged part는 '상한 부분'이라는 뜻으로 '머리카락이 갈라진 끝부분'이라는 뜻의 split ends와 같아요. I've got tons of split ends.라고 하면 '머리끝이 갈라진 것이 아주 많아요.'라는 의미입니다. 이 문장에서 tons of는 '많은'이라는 뜻입니다.

I'd like to cut off the damaged parts.
상한 부분을 잘라주세요.

There are too many damaged parts of your hair.
머리카락에 상한 부분이 너무 많네요.

She removed the damaged parts of my hair.
그녀는 내 머리카락의 상한 부분을 제거했어요.

Will that be all?

그렇게만 하시겠어요?

'그게 전부인가요?' 또는 '그게 다인가요?'라는 뜻의 Will that be all?은 주문이나 요청을 받고 난 후에 추가로 더 주문할 것이 있는지 물을 때 사용하는 표현입니다. 유사 표현으로는 Anything else?가 있어요. 이때 내가 더 필요한 것이 없다면 I'm good. 또는 That will be all. 등의 대답을 하면 됩니다.

Will that be all **for you?**	더 주문하실 건 없나요?
It's fine, that will be all.	괜찮습니다, 그게 다예요.
I think that will be all.	그게 다인 것 같아요.

Could you **add some curls as well?**

컬도 넣어주시겠어요?

원하는 헤어스타일을 요청할 때는 could you를 써서 말한다고 했죠. I want를 사용해서 원하는 헤어스타일을 말할 수도 있는데요. I want to bleach my hair.(탈색하고 싶어요.) I want to get a root touch-up.(뿌리염색을 하고 싶어요.)이라고 말해요. 하지만 I want는 표현이 좀 강하기 때문에 I'd like to로도 문장을 만들 수 있어요. I would like to get an undercut. (투블럭을 하고 싶어요.) I would like to go blonde.(금발을 하고 싶어요.) I'd like to dye my hair brown.(갈색으로 염색하고 싶어요.)

Could you cut my bangs above my eyebrows?
눈썹 위로 앞머리를 잘라주실래요?

Could you make it look like this picture?
이 사진처럼 해주실래요?

Could you dye my hair blue?
파란색으로 염색을 해주실래요?

1

머리숱 좀 쳐주실래요?　　　　　　　**보기** little, could, bit, out, a, you, my, thin, hair

2

상한 부분을 잘라주세요.　　　　　　　**보기** off, parts, I'd, the, like, cut, damaged, to

3

더 주문하실 건 없나요?　　　　　　　**보기** for, will, you, be, all, that

4

볼륨 좀 넣어주실래요?　　　　　　　**보기** volume, you, hair, more, could, in, put, my

5

파란색으로 염색을 해주실래요?　　　　**보기** my, blue, could, hair, dye, you

Drill 2

영어를 가리고 한국어를 보면서 바로 말할 수 있는지 체크해보세요. 🔊 48 02

☐ 머리 어떻게 해드릴까요?	How would you like your hair done?
☐ 조금 다듬어주시겠어요?	Could you trim my hair a little bit?
☐ 상한 머리를 좀 제거하고 싶어서요.	I'm trying to get rid of the damaged parts of my hair.
☐ 그럼요, 그렇게만 하시겠어요?	Sure, will that be all?
☐ 컬도 넣어주시겠어요?	Could you add some curls as well?
☐ 머리카락에 상한 부분이 너무 많네요.	There are too many damaged parts of your hair.
☐ 머리 염색을 하고 싶어요.	I'd like to color my hair.

정답 **1** Could you thin out my hair a little bit? **2** I'd like to cut off the damaged parts. **3** Will that be all for you? **4** Could you put more volume in my hair? **5** Could you dye my hair blue?

베지테리언 메뉴 주문하기

혼자 식당에 간 리나. 새로운 메뉴를 먹어보려고 하네요.
오늘은 어떤 미션을 받게 될까요?

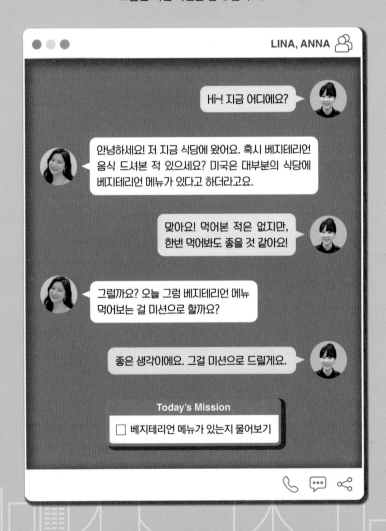

Live Talk

오늘의 대화문을 귀 기울여 들어보세요. 49 01

Waitress	Hello. Are you ready to order?
Lina	Hi, yes. Do you guys have a vegetarian menu?
Waitress	Yes. All of our menus have a vegetarian option, and also, we have a seafood salad.
Lina	Oh, but I'm allergic to seafood. So, the vegetarian menu will be fine.
Waitress	Okay. Well, we have our signature veggie sandwich, and grilled asparagus salad.
Lina	Ooooh, the signature veggie sandwich sounds really good. I'll have that.
Waitress	Okay. We will get right on that.
Lina	Thank you.
Waitress	No problem.

vegetarian 베지테리언, 채식주의자　**menu** 메뉴, 차림표　**option** 옵션, 선택(권)　**seafood** 해산물
allergic 알레르기가 있는　**signature** 대표, 특징(signature menu 대표 메뉴)　**veggie** 베지, 채소
(vegetable의 줄임말)　**grilled** 구운　**asparagus** 아스파라거스　**get** 갖다주다

점원	안녕하세요, 주문하시겠어요?
리나	안녕하세요, 네. 베지테리언 메뉴가 있나요?
점원	네, 모든 메뉴에 베지테리언 옵션이 있고, 해산물 샐러드도 있어요
리나	아, 근데 저는 해산물 알레르기가 있어서요. 베지테리언 메뉴가 낫겠네요.
점원	그러면 시그니처 베지 샌드위치와 구운 아스파라거스 샐러드가 있어요.
리나	오, 시그니처 베지 샌드위치 정말 맛있겠는데요. 그걸로 할게요.
점원	네, 바로 갖다드릴게요.
리나	감사합니다
점원	천만에요.

Mission Completed

리나가 어떻게 미션을 달성했는지 보세요.

☑ 베지테리언 메뉴가 있는지 물어보기

Lina **Hi, yes. Do you guys have a vegetarian menu?**

Waitress **Yes. All of our menus have a vegetarian option, and also, we have a seafood salad.**

베지테리언은 '채식주의자'라는 뜻으로 육류나 생선류가 들어가지 않는 음식을 먹는 사람들을 말하죠. 식당에 가서 베지테리언 메뉴가 있는지를 물어볼 때는 Do you have a vegetarian menu?라고 말하면 됩니다. 대화문에 나오는 guys는 굳이 해석한다면 '너희들'이라는 뜻으로, 생략해도 됩니다. 채식주의자의 반대말로는 non-vegetarian이 있고요, 채소만 먹는 사람이 아닌 육식만 먹는 meatarian이 있다는 것도 알아두세요. 그럼 요즘 많이 듣는 vegan(비건)은 무엇일까요? 비건은 vegetarian과 같이 육류만 안 먹는 게 아니라 모든 동물과 관련된 유제품까지 먹지 않고 채소만 섭취하는 사람을 말합니다. 요즘은 환경적인 이유로 동물과 관련된 모든 것을 피하는 비건이 많아지고 있다고 해요. 하지만 육류를 좋아하는 사람인 a meat lover도 있죠.

I'm allergic to seafood.
저는 해산물 알레르기가 있어요.

be allergic to는 '~에 알레르기가 있다'라는 의미로 '견과류 알레르기가 있어.'라고 하려면 I'm allergic to nuts.라고 말해요. 또 '나는 새우 알레르기가 있어.'는 I'm allergic to shrimp.라고 표현할 수 있습니다.

She's allergic to peaches. 그녀는 복숭아 알레르기가 있어.
I'm allergic to milk. 나는 우유 알레르기가 있어요.
We're allergic to pollen. 우리는 꽃가루 알레르기가 있어요.

➕ '(무엇에) 알레르기 있나요?'라는 뜻으로 식당에서 주문 전에 점원이 Are you allergic to (something)? 이라고 물어보는 경우가 종종 있습니다. 주로 묻는 건 이런 것들이죠.

Are you allergic to nuts? 견과류에 알레르기 있나요?
Are you allergic to kiwis? 키위에 알레르기 있나요?

We have our signature veggie sandwich.
시그니처 베지 샌드위치가 있어요.

회화에서는 '채소'라는 뜻의 vegetable을 veggie라고 쓰기도 합니다. 그 외에도 회화에서 줄여 사용하는 단어들을 알아볼까요? application program(어플리케이션 프로그램)은 app, advertisement(광고)는 ad, as soon as possible(가능한 한 빨리)은 ASAP로 줄여 말하니 알아두세요!

I have to eat veggies for my diet. 다이어트를 위해 채소를 먹어야 해요.
Veggies are good for your health. 채소는 몸에 좋아요.
He ordered a veggie menu. 그는 채소 메뉴를 주문했어요.

Ooooh, the signature veggie sandwich sounds really good.

오, 시그니처 베지 샌드위치 정말 맛있겠는데요.

---

look, taste, sound, feel과 같은 단어들을 감각동사라고 하는데요. 감각동사의 특징은 뒤에 형용사가 온다는 거예요. 여기서 sound라는 감각동사는 한국어로 번역할 때 이상하게 들릴 수 있습니다. 예를 들어 It sounds delicious.를 직역하면 '맛있는 소리가 들린다'가 되죠. 이럴 때는 '들린다'라고 해석하지 말고 sound 뒤에 오는 형용사의 의미에 집중해서 '맛있겠다'로 해석하면 됩니다.

It sounds yummy.	맛있겠다.
That dish sounds spicy.	그 요리는 맵겠다.
This dish sounds sweet.	이 요리는 달겠다.

➕ 맛을 표현할 때 외에도 '~인 것 같다'라는 뜻으로 sound를 사용할 수 있습니다. Your job sounds interesting.(네 일은 흥미로운 것 같아.) 또 She sounded depressed when we spoke on the phone.이라고 하면 '전화로 얘기할 때 그녀가 우울해 보였다.'라는 뜻입니다. sound 뒤에 as if나 like를 붙여서 표현할 수도 있습니다. That sounds like a good idea!(좋은 생각 같아!)

We will get right on that.

바로 갖다드릴게요.

---

get은 너무나도 뜻이 많은 동사인데 여기서는 bring, 즉 '가져오다' 또는 '갖다주다'의 의미로 사용되었네요.

I'll get you some drinks.	마실 것을 갖다줄게요.
She's going to get it for you.	그녀가 당신을 위해 가지고 올 거예요.
They'll get you birthday presents.	그들이 너의 생일선물들을 가지고 올 거야.

➕ get의 다른 의미들도 볼까요? buy(사다)의 뜻일 때 get은 I need to get a present for him.(그를 위한 선물을 사야 해.)과 같이 씁니다. Understand(이해하다)의 뜻일 때 get은 Did you get it?(이해됐어요?)으로 쓸 수 있습니다. Don't get me wrong.은 '오해하지 마.'라는 뜻입니다. answer(대답하다)의 의미도 있는데요. Will you get the phone?(전화 좀 받아주겠어?)처럼 쓸 수 있습니다. 또 소유를 나타내는 have의 의미로는 I have got a question.(질문이 있습니다.)과 같이 씁니다.

Drill 1

학습한 내용을 응용하여 영작해보세요.

1

_____

베지테리언 음식이 있나요?　　　　　　　　　　**보기** food, you, do, vegetarian, have

2

_____

나는 키위에 알레르기가 있어요.　　　　　　　　　　**보기** to, I'm, kiwis, allergic

3

_____

그 요리는 맵겠다.　　　　　　　　　　**보기** dish, spicy, that, sounds

4

_____

바로 갖다드릴게요.　　　　　　　　　　**보기** it, away, we, get, will, right

5

_____

채소는 몸에 좋아요.　　　　　　　　　　**보기** for, health, good, veggies, your, are

Drill 2

영어를 가리고 한국어를 보면서 바로 말할 수 있는지 체크해보세요.

☐ 베지테리언 메뉴가 있나요?	Do you guys have a vegetarian menu?
☐ 해산물 샐러드도 있어요.	We have a seafood salad.
☐ 그런데 저는 해산물 알레르기가 있어서요.	Oh, but I'm allergic to seafood.
☐ 시그니처 베지 샌드위치 정말 맛있겠는데요.	The signature veggie sandwich sounds really good.
☐ 바로 갖다드릴게요.	We will get right on that.
☐ 마실 것을 갖다줄게요.	I'll get you some drink.
☐ 맛있겠다.	It sounds yummy.

 정답 **1** Do you have vegetarian food? **2** I'm allergic to kiwis. **3** That dish sounds spicy. **4** We will get it right away. **5** Veggies are good for your health.

친구와 바에서 술 마시기

오후에 친구와 바에 간 리나.
오늘은 애나 선생님에게서 어떤 미션을 받게 될까요?

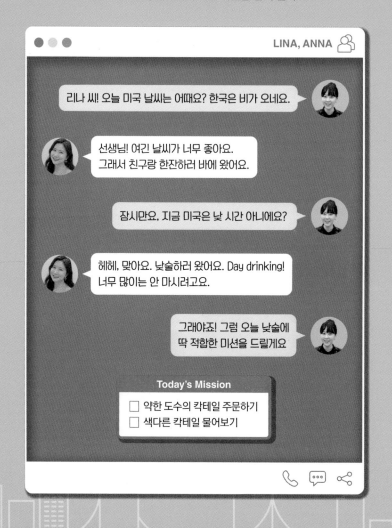

LINA, ANNA

리나 씨! 오늘 미국 날씨는 어때요? 한국은 비가 오네요.

선생님! 여긴 날씨가 너무 좋아요.
그래서 친구랑 한잔하러 바에 왔어요.

잠시만요, 지금 미국은 낮 시간 아니에요?

헤헤, 맞아요. 낮술하러 왔어요. Day drinking!
너무 많이는 안 마시려고요.

그래야죠! 그럼 오늘 낮술에
딱 적합한 미션을 드릴게요

Today's Mission

☐ 약한 도수의 칵테일 주문하기
☐ 색다른 칵테일 물어보기

Live Talk

Bartender	Hello, ladies. How can I help you today?
Lina	Hi, how are you? So... I have a low tolerance for alcohol. Do you guys have any cocktails that are not too strong?
Bartender	Well, we have some mocktails. Or I can put less liquor if you choose any of these.
Lina	Oooh, sounds great. Do you guys have any juice-based cocktails?
Bartender	Yes, I can make it for you.
Lina	Thank you.

low 낮은　tolerance 내성, 저항력　alcohol 술, 알코올　cocktail 칵테일(술이나 음료)　not too 별로, 너무 ~않은　strong 독한, 강한, 센　mocktail 무알콜 칵테일, 비알코올 청량 음료　less 덜, 더 적은[덜한]　liquor 술　any 약간의　juice-based 주스가 들어간

바텐더	안녕하세요, 오늘 어떤 걸 주문하시겠어요?
리나	안녕하세요? 저는 술을 잘 못 마셔서요.
	독하지 않은 칵테일이 있을까요?
바텐더	음, 무알코올 칵테일이 있어요. 아니면 여기서 고르시면 술을 적게 넣어드릴게요
리나	오, 좋아요. 주스가 들어간 칵테일이 있나요?
바텐더	네, 만들어드릴게요.
리나	감사합니다.

Mission Completed

리나가 어떻게 미션을 달성했는지 보세요.

☑ 약한 도수의 칵테일 주문하기

Lina **Hi, how are you? So... I have a low tolerance for alcohol.**
Do you guys have any cocktails that are not too strong?

Bartender **Well, we have some mocktails. Or I can put less liquor if you choose any of these.**

약한 도수의 칵테일을 주문하고 싶으면 우선 '약한 도수'의 영어표현을 알아야겠죠? not too strong, weak, mild, have a low percentage of alcohol 등의 표현이 있습니다. 이제 문장을 만들어보죠. Do you guys have any cocktails that are not too strong?이라고 말하면 돼요. 좀 더 짧게 Do you have any weak cocktails?라고 해도 됩니다.

☑ 색다른 칵테일 물어보기

Lina **Oooh, sounds great. Do you guys have any juice-based cocktails?**

Bartender **Yes, I can make it for you.**

Lina **Thank you.**

바텐더에게 색다른 칵테일에 대해 물어봅시다. 예를 들어 주스가 들어간 칵테일이 있는지 물어볼 때는 Do you guys have를 써서 Do you guys have any juice-based cocktails?라고 하면 됩니다. 보드카가 들어가는 칵테일을 원한다면 vodka-based cocktails와 같이 말하면 되고요. 만약에 소주를 베이스로 한 칵테일을 원한다면 soju-based cocktails라고 하면 되지만 미국에 이 칵테일이 있을지는 모르겠네요.

I have a low tolerance for alcohol.

저는 술을 잘 못 마셔서요.

---

tolerance는 '내성, 저항력'이라는 뜻을 가지고 있어요. I have a low tolerance for alcohol.을 직역하면 '저는 알코올에 대한 저항력이 약해요.'가 되어서 술을 조금만 마셔도 취한다 또는 술을 잘 못 마신다는 말이 되죠. 이 말이 어렵다면 I'm a light drinker.라고 해도 돼요. 반대 의미로는 I'm a heavy drinker.가 있습니다.

We have a high tolerance for this pill.
우리는 이 알약에 대한 높은 내성을 가지고 있어요.

I have a low tolerance for pain.
나는 통증을 잘 참지 못해요.

She has a low tolerance for stress.
그녀는 스트레스를 잘 참지 못해요.

Well, we have some mocktails.

음, 무알코올 칵테일이 있어요.

---

mocktail은 '무알코올 청량 음료'를 말해요. 같은 의미로 a non-alcoholic cocktail도 사용할 수 있습니다. Can I have a non-alcoholic cocktail?(무알코올 칵테일 있나요?)라고 말하면 되겠죠.

There are only mocktails in this restaurant.
이 식당에는 무알코올 음료만 있어요.

I'd like to have a mocktail.
저는 무알코올 음료로 주세요.

Could you give them some mocktails?
이들에게는 무알코올 음료로 주실래요?

Or I can put less liquor if you choose any of these.

아니면 여기서 고르시면 술을 적게 넣어드릴게요.

---

liquor은 '독한 술'이라는 뜻으로 발음이 제법 어렵죠? '리~쿼'이라고 발음하고 1음절 li에 강세를 줘서 '리'를 길게 끈 다음 quor는 '쿼'로 혀를 동그랗게 말아서 발음하면 됩니다.

술과 관련된 여러 표현을 알아볼게요. 멀쩡한 상태에서 취한 상태까지 순서대로 알아볼까요? I'm sober.(취하지 않았어요.) I feel tipsy.(알딸딸해요.) I'm wasted.나 I'm smashed.는 '많이 취했어요.'라는 뜻이에요. 또 I'm blacked out.은 '필름이 끊겼어요.'라는 뜻이고, I was gone.은 '나는 완전히 갔어요.'라는 뜻이에요.

> **We like this liquor as it leaves no hangover.**
> 우린 이 술은 마시고 난 후에 숙취가 없어서 좋아.
>
> **The room was filled with the smell of liquor.**
> 그 방은 술 냄새로 가득했어요.
>
> **We don't sell liquor.**
> 저희 가게에서는 주류를 판매하지 않습니다.
>
> ➕ hangover는 '숙취' 또는 '만취하다' 라는 2개의 뜻을 가지는데요 I hungover yesterday. 이렇게 동사로 쓴다면 '나 완전 취했었어.' 라는 표현이고 I have a hangover. 는 명사로 써서 '숙취가 있어요.' 라는 뜻이 된답니다.

Do you guys have any juice-based cocktails?

주스가 들어간 칵테일이 있나요?

'몇몇의, 약간의'라는 의미를 가지고 있는 any와 some은 사람이나 사물의 불특정한 수나 양에 대해 말할 때 명사 앞에 붙여 사용합니다. 하지만 any는 주로 부정문과 의문문에 사용하고, some은 긍정문에 사용해요. 예를 들어 I don't want any coffee. I want some coffee.와 같이 사용합니다.

> **There isn't any popcorn left.**   팝콘이 하나도 없네요.
> **Did you see any people at the bar?**   술집에서 누구 본 사람 있어?
> **He didn't like any alcohol.**   그는 어떤 술도 좋아하지 않았어요.

Drill 1

1

나는 통증을 잘 참지 못해요.　　　　　　　보기 tolerance, pain, have, for, I, low, a

2

독하지 않은 칵테일이 있을까요?

보기 any, do, are, guys, weak, cocktails, you, that, have

3

저는 무알코올 음료로 주세요.　　　　　보기 have, like, mocktail, I'd, a, to

4

저희 가게에서는 주류를 판매하지 않습니다.　　　　　보기 sell, we, liquor, don't

5

보드카가 들어간 칵테일이 있나요?　보기 cocktails, guys, any, vodka-based, do, have, you

Drill 2

영어를 가리고 한국어를 보면서 바로 말할 수 있는지 체크해보세요. 50 02

☐ 독하지 않은 칵테일이 있을까요?	Do you guys have any cocktails that are not too strong?
☐ 음, 무알콜 칵테일이 있어요.	Well, we have some mocktails.
☐ 여기서 고르시면 술을 적게 넣어드릴게요.	I can put less liquor if you choose any of these.
☐ 주스가 들어간 칵테일은 없나요?	Do you guys have any juice-based cocktails?
☐ 네, 만들어드릴게요.	Yes, I can make it for you.
☐ 이들에게는 무알코올 음료로 주실래요?	Could you give them some mocktails?

 정답 1 I have a low tolerance for pain. 2 Do you guys have any cocktails that are weak? 3 I'd like to have a mocktail. 4 We don't sell liquor. 5 Do you guys have any vodka-based cocktails?

친구에게 술 사기

이른 오후 리나가 친구와 바에 갔네요. 가볍게 술을 한잔하려고 하나봐요.
다 함께 리나의 라이브 방송에 들어가볼까요?

Live Talk

오늘의 대화문을 귀 기울여 들어보세요. 51 01

Lina	Oh, no no no no... It's on me today.
Friend	Thank you.
Lina	Can we have one rich martini, and... a piña colada?
Bartender	Do you want me to open a tab?
Lina	Yes, please.
	I think we are gonna stay here for a while.

It's on me 내가 살게 **rich** 진한, 부유한 **martini** 마티니(진과 베르무트를 섞은 칵테일) **piña colada** 피냐 콜라다(럼주에 파인애플 주스와 코코넛을 넣은 칵테일) **open a tab** 탭(총 지불액)을 오픈하다, 계산을 달아놓다 **stay** 있다, 머물다 **for a while** 잠시, 한동안, 당분간

리나	아, 아니야, 아니야. 오늘은 내가 낼게.
친구	고마워.
리나	리치 마티니 하나, 그리고… 피냐 콜라다 하나 주시겠어요?
바텐더	이 카드로 계산 달아놓을까요?
리나	네, 그렇게 해주세요. 여기에 한동안 있을 것 같아요.

Mission Completed

리나가 어떻게 미션을 달성했는지 보세요.

☑ 친구에게 술 사기

Lina **Oh, no no no no… It's on me today.**

Friend **Thank you.**

'오늘은 내가 살게.'는 It's on me today.라고 말하면 됩니다. 우리나라에서는 흔히 '쏜다'라고 표현하지만 영어로는 I'll shoot today라고 말하면 안 돼요! '내가 살게.'는 It's on me라는 것을 잊지 마세요! 비슷한 표현으로는 It's my treat.(내가 한턱 쓸게.) 또는 I'll treat you.(내가 대접할게요.)가 있습니다. treat은 '대접, 대접하다'라는 뜻을 가지고 있다는 거 잊지 마세요.

그럼 반대로 누군가가 나한테 식사나 술을 샀다면 뭐라고 해야 할까요? 리나의 친구처럼 Thank you.라고 하거나 Oh, really? Thanks!처럼 고마움을 표시하면 되겠죠. 상대방이 밥을 샀으니 내가 디저트를 사겠다고 할 수도 있겠죠. Why don't we get some dessert then? My treat this time!처럼 말할 수 있습니다.

'내가 살게'라는 표현과 반대로 각자 계산을 하자고 할 때는 어떻게 말할 수 있을까요? Let's split the bill.이라고 하면 '우리 각자 계산하자.'는 말이 됩니다. split은 '나뉘다, 나누다'라는 뜻으로, 계산서(bill)를 나누자는 표현이죠. 또 다른 표현으로는 Let's go Dutch!가 있어요. '더치페이 하자!'는 말로 흔히 알고 있는 표현이죠.

Can we have **one rich martini, and… a piña colada?**

리치 마티니 하나, 그리고… 피냐 콜라다 하나 주실 수 있나요?

〈Can we have~?〉는 '~을 주시겠어요?'라는 뜻으로 상대방에게 무엇을 달라고 요청할 때 쓰는 표현입니다. 비슷한 표현으로는 〈Can I/we get~?〉이 있습니다. Can I get the receipt? 라고 하면 '영수증을 줄 수 있나요?'라는 표현이에요.

Can we have two glasses of apple juice?
사과 주스 두 잔 주시겠어요?

Can we have a meeting tomorrow?
내일 회의를 할 수 있나요?

Can we have chicken and beer for a late-night snack?
야식으로 치킨과 맥주를 주시겠어요?

Do you want me to open a tab?

이 카드로 계산 달아놓을까요?

'탭을 오픈한다'는 말은 신용카드를 바텐더에게 맡기고 나중에 마신 술을 한꺼번에 신용카드로 charge(결제)한다는 뜻이에요. 이는 맥주나 술이 떨어졌을 때마다 일일이 바에 가서 주문하고 계산하는 번거로움을 덜기 위해 도입된 제도라고 해요. 바텐더와 손님의 불편을 덜기 위한 일종의 에티켓이죠. 하지만 자칫 술통의 꼭지를 너무 열어버려서 낭패를 볼 수 있으니 조심하세요!

Do you want to open a tab?	계산을 달아놓을까요?
I'd like to open a tab.	계산을 달아놓고 싶어요.
I will open a tab at a bar.	바에 계산을 달아놓을 거예요.

Yes, please. I think we are gonna stay here for a while.

네, 그렇게 해주세요. 여기 한동안 있을 것 같아요.

---

gonna

gonna는 going to의 줄임말로, '~할 것이다'라는 뜻으로 미래의 의미를 나타내는 비격식 표현입니다. 발음도 '거나'로 짧게 발음됩니다. gonna 앞에 be동사가 오고 뒤에는 꼭 동사원형이 붙어서 와요. We're gonna go study English.(우리는 영어 공부를 할 거야.)라고 말 할 수 있죠. 또 부정문에서는 We're not gonna go study math.(우리는 수학 공부를 하지 않을 거야.)라고 표현할 수 있어요.

I'm gonna go have lunch.	나 점심 먹으러 갈 거야.
We're gonna watch a movie.	우리는 영화를 볼 거야.
She's gonna cook for me.	그녀는 나를 위해 요리해줄 거야.

---

for a while

'잠시, 한동안, 당분간'이라는 뜻의 숙어입니다. 대화문에서 리나는 '여기 한동안 있을 것 같다'는 의미로 I think we are gonna stay here for a while.이라고 했죠. 비슷한 표현으로는 for the time being, for the meanwhile, for now가 있어요.

for a while과 in a while의 차이점은 뭘까요? 예문을 보죠. I'm going to watch TV for a while.(나는 한동안 TV를 볼 거야.) I'm going to watch TV in a while.(나는 조만간 TV를 볼 거야.) 두 문장의 차이를 알아내셨나요? for a while은 시간의 길이를 나타내서 TV를 얼마만큼 볼 것인지 나타내고 있어요. in a while은 얼마 후에 TV를 볼 거라는 걸 의미하고요.

Let me think for a while.	잠시 생각해볼게요.
I need to stay here for a while.	여기에 한동안 있어야 할 것 같아요.
Let me sleep for a while.	잠시만 잘게요.

Drill 1

학습한 내용을 응용하여 영작해보세요.

1

_____

햄버거 3개 주실 수 있나요?　　　　　　　　보기 three, we, can, hamburgers, have

2

_____

2시에 회의를 할 수 있나요?　　　　　　　　보기 a meeting, can, have, at 2, we

3

_____

계산을 달아놓을 거예요.　　　　　　　　보기 going, a, I'm, tab, to, open

4

_____

그들은 하이킹을 갈 거예요.　　　　　　　　보기 go, they're, hiking, gonna

5

_____

그는 잠시 누워야 해요.　　　　보기 lie, while, needs, He, go, for, a, to, down

Drill 2

영어를 가리고 한국어를 보면서 바로 말할 수 있는지 체크해보세요.

☐	리치 마티니 하나 그리고 피냐 콜라다 하나 주실 수 있나요?	Can we have one rich martini and a piña colada?
☐	이 카드로 계산 달아놓을까요?	Do you want me to open a tab?
☐	여기 한동안 있을 것 같아요.	I think we are gonna stay here for a while.
☐	나 점심 먹으러 갈 거야.	I'm gonna go have lunch.
☐	내일 회의를 할 수 있나요?	Can we have a meeting tomorrow?
☐	잠시만 잘게요.	Let me sleep for a while.
☐	계산을 달아놓고 싶어요.	I'd like to open a tab.

 1 Can we have three hamburgers? **2** Can we have a meeting at 2? **3** I'm going to open a tab. **4** They're gonna go hiking. **5** He needs to go lie down for a while.

바에서 친구와 다트 내기하기

친구와 바에서 시간을 보내고 있는 리나. 오늘은 어떤 미션을 받게 될까요?

LINA, ANNA

안녕하세요, 리나 씨!

안녕하세요, 선생님! Say hi!

Hi, Anna!

Hi! 옆에 친구분인가봐요?
두 분이 뭐 하고 계세요?

저희는 바에서 시간을 보내고 있는데요.
바에서는 뭘 해야 재미있을까요?

바에서는 칵테일 한잔과 다트 게임이죠!

오늘 미션은 '다트 게임 즐기기' 로 드릴게요!

Today's Mission

☐ 다트 게임 하면서 영어 리액션 사용하기

Live Talk

Friend	All right, I'm going to beat you.
Lina	I will beat you.
Friend	I don't think so.
Lina	Wow, that was pretty good.
Friend	That was good. That was good.
Lina	Okay, watch, watch! Oh, seriously? Oh no…
Friend	Come on. That was bad.
Lina	What's going on with me.
Lina	Oh, you nailed it.
Friend	That is crazy. How did that happen?
Lina	I don't know.
Friend	Hahahaha. Seriously?
Lina	I want to cry.
Friend	Don't cry. You have one more, go.
Lina	Please. Ready.
Friend	You got it.
Lina	Oh! I nailed it!!
Friend	That was amazing!

beat 이기다, 승리하다　**pretty good** 꽤 괜찮은　**watch** 보다　**seriously** 진심으로, 진지하게 (Seriously? 진짜? 정말?)　**bad** 별로인, 안 좋은, 형편없는　**nailed it** 해내다, 성공하다　**crazy** 미친, 말도 안 되는　**happen** 일어나다　**cry** 울다　**amazing** 놀라운, 굉장한

친구	좋아, 내가 이길 거야.		친구	미쳤다. 이게 무슨 일이야?
리나	내가 이길 거야.		리나	나도 모르겠어.
친구	아닐 것 같은데.		친구	하하하하. 진짜로?
리나	와, 좀 괜찮았는데.		리나	울고 싶다.
친구	잘했지. 잘했네.		친구	울지 말고, 하나 더 있잖아, 해봐.
리나	자, 봐 봐! 아니, 진짜? 안돼….		리나	제발. 준비.
친구	에이. 방금 좀 별로였다.		친구	할 수 있어.
리나	대체 무슨 일이야.		리나	완전 잘했어!
리나	뭐야, 완전 잘했어.		친구	방금 진짜 잘했다!

Mission Completed

리나가 어떻게 미션을 달성했는지 보세요.

☑ 다트 게임 하면서 영어 리액션 사용하기

Lina	**Wow, that was pretty good.**
Friend	**That was good. That was good.**
Lina	**Okay, watch, watch! Oh, seriously? Oh no…**
Friend	**Come on. That was bad.**
Lina	**What's going on with me.**
Lina	**Oh, you nailed it.**

다트 게임을 하면서 영어로 리액션 하기를 알아볼까요? 첫 번째로 '와, 꽤 괜찮았는데.'는 Wow, that was pretty good.이라고 해요. 여기서 pretty는 형용사 '예쁜'의 뜻이 아닌 '꽤' 라는 뜻의 부사예요. pretty bad, pretty awesome, pretty cool 이런 식으로 말할 수 있습니다. 두 번째 리액션으로 '아니, 진짜?' 혹은 '실화냐?'의 느낌인 Seriously?가 있어요. 안 믿 긴다는 느낌을 살려서 말해보세요.
세 번째 리액션으로 Come on.이 있는데요. 여기서는 '에이.'의 느낌으로 쓰였죠. Come on. That was bad.(에이. 방금 좀 별로였다.) 같이 써요. 네 번째 리액션으로 Oh, you nailed it.은 '완전 잘했어.'라는 뜻입니다. 이렇게 다양한 리액션을 미국 친구와 써보는 것은 어떨까요?

I'm going to beat you.

내가 이길 거야.

〈beat + 상대〉는 경쟁(competition)의 의미로 '~에게 승리하다'라는 뜻이고 〈win + 목표〉는 성취(achievement)의 의미로 '~에서 이기다'라는 뜻입니다. Beat Anna and you win the championship.(애나에게 승리하면 챔피언십에서 이기는 거예요.) She beat me at chess.(그녀가 체스에서 날 이겼어요.) I know you can beat him.(난 네가 그를 이길 수 있다는 거 알아.) It's not easy to beat that team.(저 팀을 이기기는 쉽지 않을 거야.)

I'll beat you at the game.　　　　　　나는 그 게임에서 이길 거야.
She beat you at the game of Go.　　　그녀는 바둑 경기에서 널 이길 거야.
He's going to beat them all.　　　　　그는 그들 모두를 이길 거야.

➕ beat는 '때리다'라는 뜻도 있습니다. 비슷한 단어로는 hit, knock, bang, strike 등이 있습니다. 또 음악을 좋아하는 분이라면 '비트'라고 말하는 걸 많이 들었을 텐데요. 이때의 beat는 '운율, 박자'라는 뜻의 명사입니다.

Come on. That was bad.

에이. 방금 좀 별로였다.

여기서 Come on.은 '에이.'의 느낌으로 쓰였어요. Come on.은 상황에 따라 다른 의미로 쓰이는데요. 누군가를 재촉할 때, 빨리 되기를 원할 때도 쓰이고요. '정말 이럴래?'라는 의미도 있습니다.

Come on, we're late!　　　　　　　　　　빨리 해, 우리 늦었어!
Come on. You can do better than that.　에이. 그거보다는 잘할 수 있어.
Come on. I'll teach you a lesson.　　　자, 덤벼봐. 내가 널 혼내주겠어.

Oh, you nailed it.

뭐야, 완전 잘했어.

nail은 명사로 '손톱, 발톱'이라는 뜻이 있고, 동사로는 '못으로 박다' 또는 스포츠 등에서 뭔가를 '이뤄내다'라는 뜻으로도 쓰여요. 또한 hit the nail on the head는 '정확하다, 정곡을 찌르다'라는 뜻입니다.

nail it은 '성공하다, 합격하다'라는 뜻으로 You nailed it.은 '해냈다, 쩐다, 대박, 좋았다'라는 표현으로 사용하면 됩니다. 대화문에서는 게임을 하면서 상대방을 칭찬하는 의미로 썼는데요. 누군가가 뭔가를 성공적으로 해냈을 때 사용하면 좋겠죠. 비슷한 말로 You did it.이나 You made it.도 있습니다. 반대로 '나 망했다!'는 어떻게 말할까요? 'I screwed up!'

You will nail it this time.	이번에는 꼭 해낼 거야.
He nailed it.	그는 대박이야.
We nailed it this year.	이번 해에는 우리가 해냈다!
➕ 누군가가 게임에서 승리를 하거나 중요한 시험에서 합격했을 때 쓰는 다른 표현들을 알아볼까요?	
What can I say, you nailed it.	내가 말할 수 있는 건, 네가 해냈다는 거야!
I mean, you nailed it again!	내 말은, 네가 또 해냈어!
Actually, you nailed it.	정말로, 네가 해냈다고.

You got it.

할 수 있어.

got it은 상대방의 요구를 들어주며 '알았어.' 혹은 '그렇게.'라고 말할 때 써요. Could you finish this work by Monday?(월요일까지 이 작업을 끝낼 수 있겠어요?)라고 상대방이 물었을 때 '네, 그렇게 할게요.'라고 하려면 You got it.이라고 말하면 됩니다. 또 다른 의미로 I got it.은 I understood.와 같은 뜻으로 '이해했어.'가 돼요.

Thanks for your advice. I got it.	충고 고마워. 이해했어!
You got it?	알겠어요?
I've got it!	알아냈다!

Drill 1

학습한 내용을 응용하여 영작해보세요.

1

좀 별로였어.   보기 pretty, that, bad, was

2

에이. 그거보다는 잘할 수 있어.   보기 better, do, that, on, you, than, come, can

3

나는 그 게임에서 이길 거야.   보기 the, I'll, game, you, beat, at

4

아, 안 돼, 정말로?   보기 no, seriously, oh

5

이번에는 꼭 해낼 거야.   보기 this, will, time, it, you, nail

Drill 2

영어를 가리고 한국어를 보면서 바로 말할 수 있는지 체크해보세요.

☐ 좋아, 내가 이길 거야.	All right, I'm going to beat you.
☐ 와, 좀 괜찮았는데.	Wow, that was pretty good.
☐ 아니, 진짜?	Oh, seriously?
☐ 에이. 방금 좀 별로였다.	Come on. That was bad.
☐ 뭐야, 완전 잘했어.	Oh, you nailed it.
☐ 할 수 있어.	You got it.
☐ 그는 그들 모두를 이길 거야.	He's going to beat them all.

정답 **1** That was pretty bad. **2** Come on. You can do better than that. **3** I'll beat you at the game. **4** Oh, no. Seriously? **5** You will nail it this time.

특별전시 문의하기

미술관에 온 리나. 오늘은 애나 선생님에게서 어떤 미션을 받게 될까요?

LINA, ANNA

선생님! 저 오늘 미술관에서 시간 보내려고 밖에 나왔어요.

와~! 좋겠다. 여유롭게 작품들도 구경하고 부러워요.

네, 맞아요. 요즘 좀 바빴는데 간만에 시간 내서 나와서 설레요.

미술관에 가셨다니까 미술관에 딱 맞는 미션을 드리겠습니다!

Today's Mission

☐ 이번 달 특별전시 문의하기
☐ 오디오 투어 문의하기
☐ 사진 찍어도 되는지 묻기

Lina	Hello.
Staff	Hello.
Lina	What's the special exhibition for this month?
Staff	Only for this month, we have Hye Won's artwork.
Lina	Oh my god. She is one of my favorites. Do you have an audio tour as well?
Staff	Yes, we do. If you scan the QR code in the guide book, you can listen to the audio tour.
Lina	Sounds great. Oh, also is it okay to take pictures inside?
Staff	Yes, just don't use the flash.
Lina	No problem.
Staff	Thank you.
Lina	You're welcome.

special 특별한 **exhibition** 전시회 **special exhibition for this month** 이달의 특별전
artwork 미술품, 예술 작품[작업], 삽화 **favorite** 가장 좋아하는 **audio tour** 오디오 투어, 음성 가이드
scan the QR code QR 코드를 찍다 **take picture inside** 내부에서 사진을 찍다 **use the flash**
플래시를 터트리다[쓰다, 사용하다]

리나	안녕하세요.
직원	안녕하세요.
리나	이번 달 특별 전시는 어떤 건가요?
직원	혜원의 미술품 전시가 이번 달에만 있어요.
리나	세상에. 제가 가장 좋아하는 미술가 중 한 명인데. 오디오 투어도 있나요?
직원	네, 있어요. 가이드 북에 있는 QR 코

드를 스캔하면 오디오 투어를 들을 수 있어요.
리나 좋네요. 아, 내부에서 사진 찍어도 되나요?
직원 네, 플래시 끄고 해주세요.
리나 알겠습니다.
직원 감사합니다.
리나 천만에요.

Mission Completed

리나가 어떻게 미션을 달성했는지 보세요.

☑ 이번 달 특별전시 문의하기

Lina **What's the special exhibition for this month?**
Staff **Only for this month, we have Hye Won's artwork.**

museum은 박물관이고, 미술관은 art museum 혹은 art gallery라고 해요. 그곳에서 열리는 전시회는 exhibition이니, 특별전시는 special exhibition이라고 해요. 이번 달의 특별전시를 문의하려면 What's the special exhibition for this month?라고 말하면 됩니다.

☑ 오디오 투어 문의하기

Lina **Do you have an audio tour as well?**
Staff **Yes, we do. If you scan the QR code in the guide book, you can listen to the audio tour.**

전시 작품을 설명해주는 음성 가이드를 audio tour라고 하고, 오디오 투어가 있는지 물어보려면 〈Do you have ~?〉를 써서 Do you have an audio tour as well?이라고 말하면 됩니다. 그럼 직접 사람이 설명해주는 투어는 뭐라고 할까요? guided tour라는 단어를 써서 Are there any guided tours today?(오늘 가이드 투어도 하나요?)라고 물어볼 수 있습니다.

☑ 사진 찍어도 되는지 묻기

Lina **Sounds great. Oh, also is it okay to take pictures inside?**
Staff **Yes, just don't use the flash.**

뭔가가 가능한지를 물을 때는 〈Is it okay to + 동사?〉의 패턴을 사용해 '내가 ~해도 괜찮을까요?'라고 허락을 구합니다. Is it okay to read any books here?(여기서 책을 읽어도 될까요?) Is it okay to call you 3 hours later?(세 시간 후에 전화를 해도 되나요?)

What's the special exhibition for this month?

이번 달 특별 전시는 어떤 건가요?

---

the와 a를 헷갈려 하는 분들이 굉장히 많죠. 간단하게 생각해보면 the는 특정한 '그'를 나타낼 때 쓰고 a는 특정하지 않은 일반적인 것을 지칭할 때 씁니다. 더 간단히 이야기하면, 서로 알고 있는 것에 대해 말할 때는 the를 쓰고 서로 모르는 것에 대해 이야기 할 땐 a를 쓴다고 생각하면 돼요. 예를 들어 I bought the watch.라고 말하면 이전에 그 시계에 대해 이야기해서 서로 알고 있는 시계를 샀다는 것이고, I bought a watch.라고 말하면 상대방은 구체적으로 어떤 시계인지 모르고 그냥 시계를 샀다는 것입니다.

I saw the girl at the hair shop.
미용실에서 그 소녀를 봤어.

That was not the cat we saw yesterday.
그 고양이는 우리가 어제 본 것이 아니에요.

Do you have the bag with you?
그 가방을 가지고 있나요?

Only for this month we have Hye Won's artwork.

혜원의 미술품 전시가 이번 달에만 있어요.

명사 work는 '일'이라는 의미도 있지만 '작품'이라는 뜻도 있는데, 여기서는 '작품'이라는 의미로, 'artwork'은 '미술품'으로 해석됩니다.

I really liked your colorful artwork.
너의 화려한 작품이 정말 좋았어.

Do you have Picasso's artwork?
피카소의 미술품이 있나요?

They're examining some artwork.
그들은 미술품을 살펴보고 있어요.

She is one of my favorites.

제가 가장 좋아하는 미술가 중 한 명인데.

one of my favorites는 '내가 가장 좋아하는 거 중에 하나'라는 뜻으로 〈one of the + 복수명사〉 패턴입니다. 이때 '~ 중 하나'이므로 복수명사 뒤에 오는 동사는 단수동사를 사용합니다. 예를 들어 One of the dogs is white.(개들 중 한 마리는 흰색이에요.)가 됩니다.

Apple pie is one of my favorites.
애플 파이는 내가 가장 좋아하는 것 중에 하나예요.

Fried chicken is one of my favorites.
프라이드 치킨은 내가 가장 좋아하는 것 중 하나다.

If you scan the QR code in the guide book, you can listen to the audio tour.

가이드 북에 있는 **QR** 코드를 스캔하면 오디오 투어를 들을 수 있어요.

동사 listen은 '듣다, 귀 기울이다'라는 뜻의 단어입니다. 역시 '듣다'라는 뜻을 가진 동사 hear 와의 차이는 '의지 vs 무의지'라고 보면 돼요. listen은 '의지'를 가지고 귀를 기울여 듣는 것을 말하고, hear은 '무의지'로 생각 없이 들리는 소리들, 길을 걷다 무심코 들리는 차 소리, 공사 소리, 들려오는 음악 소리 같은 것들을 말해요. 그리고 hear는 바로 뒤에 목적어를 사용할 수 있지만 listen은 바로 뒤에 명사를 쓰고 싶으면 to라는 전치사를 넣어야 합니다.

I listen to the radio every night.   나는 매일 밤 라디오를 들어요.
Listen and repeat the sentences after me.   문장들을 잘 듣고 따라 해보세요.

Oh, also is it okay to take pictures inside?

아, 내부에서 사진 찍어도 되나요?

pictures 앞에 take라는 동사를 넣어서 take pictures라고 했으니 사진을 말하고 있네요. 많은 사람이 헷갈려 하는 picture와 photo의 차이는 뭘까요? picture는 사진뿐 아니라 그림도 의미하고, photo는 카메라로 찍은 사진에만 해당되는 단어예요. 결국 picture 안에 photo 포함되어 있다고 보면 됩니다.

I want to take a picture with you.   너랑 함께 사진을 찍고 싶어.
Those pictures are so great!   저 그림들은 정말 멋지다!

1

___

이번 주의 특별전시는 뭔가요?　　　　보기 this, what's, special, week, the, exhibition, for

2

___

피카소의 미술품이 있나요?　　　　보기 artwork, you, Picasso's, do, have

3

___

애플 파이는 내가 가장 좋아하는 것 중에 하나예요.　　보기 one, pie, my, apple, of, favorites, is

4

___

오늘 가이드 투어도 하나요?　　　　보기 tours, there, today, are, guided, any

5

___

미술관 안에서 사진을 찍어도 되나요?　　보기 the, pictures, can, inside, I, museum, take, art

Drill 2

영어를 가리고 한국어를 보면서 바로 말할 수 있는지 체크해보세요. 53 02

☐ 이번 달 특별전시는 어떤 건가요?	What's the special exhibition for this month?
☐ 혜원의 미술품 전시가 이번 달에만 있어요.	Only for this month we have Hye Won's artwork.
☐ 제가 가장 좋아하는 미술가 중 한 명인데.	She is one of my favorites.
☐ 오디오 투어도 있나요?	Do you have an audio tour as well?
☐ 오디오 투어를 들을 수 있어요.	You can listen to the audio tour.
☐ 아, 내부에서 사진 찍어도 되나요?	Oh, also is it okay to take pictures inside?
☐ 애나가 뭐라고 말하는지 들어봐주세요.	Please listen to what Anna is saying.

 정답 1 What's the special exhibition for this week? 2 Do you have Picasso's artwork? 3 Apple pie is one of my favorites. 4 Are there any guided tours today? 5 Can I take pictures inside the art museum?

기념품관 구경하기

미술관 관람을 마친 후 기념품을 사러 간 리나.
오늘은 어떤 미션에 도전할까요?

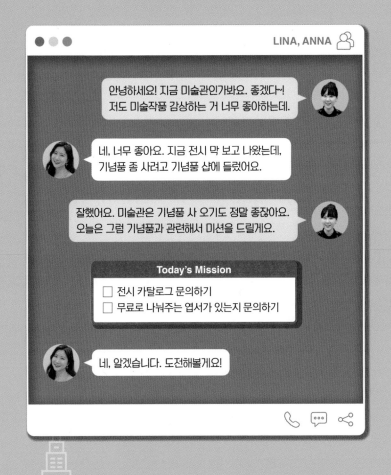

LINA, ANNA

안녕하세요! 지금 미술관인가봐요. 좋겠다~!
저도 미술작품 감상하는 거 너무 좋아하는데.

네, 너무 좋아요. 지금 전시 막 보고 나왔는데,
기념품 좀 사려고 기념품 샵에 들렀어요.

잘했어요. 미술관은 기념품 사 오기도 정말 좋잖아요.
오늘은 그럼 기념품과 관련해서 미션을 드릴게요.

Today's Mission
☐ 전시 카탈로그 문의하기
☐ 무료로 나눠주는 엽서가 있는지 문의하기

네, 알겠습니다. 도전해볼게요!

Staff	Hello? Yes, we have a new exhibition opening next week.
	Yes, yes, yes. You too. Thank you. Hi, Can I help you?
Lina	Hello. Do you guys have a catalog for this exhibition?
Staff	Yes, we do. Would you like one?
Lina	Yes, please.
Staff	Here you go.
Lina	Thank you. Um… Also, do you guys have a complimentary postcard?
Staff	Oh, unfortunately, we already ran out of postcards for today. So sorry.
Lina	Okay. Thank you though.
Staff	You're welcome. Have a great day.
Lina	You too. Have a good day. Bye.

exhibition 전시 **catalog** 카탈로그 **complimentary** 무료의 **post card** 우편엽서(postcard 엽서, 그림엽서) **unfortunately** 유감스럽게도, 불행하게도 **run out of** 다 떨어지다, 바닥나다, 동나다 **though** 그래도, 그렇지만, ~일지라도

직원	안녕하세요? 네, 다음 주에 열리는 새로운 전시가 있어요.
	네, 네, 네. 감사합니다. 안녕하세요, 무엇을 도와드릴까요?
리나	안녕하세요. 이번 전시 카탈로그가 있을까요?
직원	네, 있어요. 하나 드릴까요?
리나	네, 주세요.
직원	여기 있습니다.
리나	감사합니다. 음… 그리고 무료로 제공하는 엽서도 있나요?
직원	아, 유감스럽게도 오늘 엽서가 벌써 다 나갔어요. 죄송합니다.
리나	네. 그래도 감사해요.
직원	천만에요. 좋은 하루 보내세요.
리나	그쪽도요. 좋은 하루 보내세요. 안녕히 계세요.

Mission Completed

리나가 어떻게 미션을 달성했는지 보세요.

☑ 전시 카탈로그 문의하기

Lina **Hello. Do you guys have a catalog for this exhibition?**

Staff **Yes, we do. Would you like one?**

Lina **Yes, please.**

전시품에 관한 카탈로그가 있는지를 물어볼 때 Do you guys have a catalog for this exhibition?이라고 리나는 말했죠. 그럼 catalog 부분을 '한국어로 된 가이드북'으로 바꿔 볼까요? Do you guys have a Korean guidebook? 아니면 박물관에 가면 박물관 지도는 필수잖아요? 그럴 땐 이렇게 물어보세요. Do you guys have a map of the museum? 또는 catalog대신에 brochure를 쓸 수도 있죠. Do you guys have a brochure in Korean?

☑ 무료로 나눠주는 엽서가 있는지 문의하기

Lina **Um… Also, do you guys have a complimentary postcard?**

Staff **Oh, unfortunately we already ran out of postcards for today. So sorry.**

전시관에 가면 홍보를 위해 무료로 나눠주는 엽서가 있습니다. 리나가 그 엽서가 있는지를 물어볼 때 Do you guys have a complimentary postcard?라고 했죠. complimentary를 가지고 좀 더 응용해서 말해볼까요? '무료로 나눠주는 와인이 있나요?' Do you have a complimentary wine? '무료로 나눠주는 펜이 있나요?' Do you have complimentary pens? 아니면 Is there을 써서 Is there a complimentary postcard at a souvenir shop?(기념품 숍에 무료 제공하는 엽서가 있나요?)라고 말할 수도 있습니다.

Yes, we have a new exhibition opening next week.

네, 다음 주에 열리는 새로운 전시가 있어요.

opening은 '개관식, 개막식, 개통식' 또는 '~을 열다'라는 뜻으로 여기서는 새로운 전시를 연다는 의미로 사용했습니다.

The opening of the Olympic Games was amazing.
올림픽 개막식은 정말 대단했어요.

They have an opening this weekend.
그들은 이번 주말에 개업식이 있어요.

There will be a new museum opening next week.
다음 주에 개관하는 새로운 박물관이 있어요.

Do you guys have a catalog for this exhibition?

이번 전시 카탈로그가 있을까요?

전시관에 가면 카탈로그를 볼 수 있죠. catalog와 비슷한 단어로 brochure(책자)도 있습니다.
Do you have a brochure in Korean?(한국어로 된 책자가 있나요?)
참고로 전시관에서 기념품을 파는 가게를 souvenir shop이라고 해요. There is a souvenir shop. I wanna get some souvenirs for my family.(기념품 샵이 있네. 가족을 위해 기념품을 사야겠어요.)

Thank you for the catalog.	카탈로그를 주셔서 감사해요.
Can I have the latest catalog?	최신 카탈로그를 주실 수 있나요?
Let's go get the art gallery catalog.	미술 전시관 카탈로그 가지러 가자.

Do you guys have a complimentary postcard?

무료로 제공하는 엽서도 있나요?

complimentary와 free는 둘 다 '무료의'라는 뜻을 가지고 있지만 호텔이나 전시회 등 고객의 접대로 제공되는 것은 free보다 complimentary를 사용합니다. '공짜'와 '무료'의 뉘앙스 차이라고 보면 돼요. 줄여서 Comp로도 표기되어 있는 것을 자주 볼 수 있어요.

I have attached a coupon for a complimentary coffee.
무료 커피 쿠폰을 첨부했어요.
The tour package offers complimentary meals.
이 여행 패키지는 식사를 무료로 제공합니다.

Oh, unfortunately, we already ran out of postcards for today.

아, 유감스럽게도 오늘 엽서가 벌써 다 나갔어요.

'불행하게도, 유감스럽게도'라는 뜻의 unfortunately는 상대방이 요청한 부분에 대해 들어줄 수가 없을 때 사용하는 표현입니다.

Unfortunately, we are going to close in 15 minutes.
안타깝게도 저희는 15분 후에 문을 닫습니다.
Unfortunately, there's nothing we can do about it.
불행하게도 우리가 어떻게 할 수 있는 방법이 없어요.

Okay. Thank you though.

네. 그래도 감사해요.

though는 문장의 끝에 와서 '그렇지만'이라는 뜻을 가집니다. 여기서는 리나가 무료 엽서는 못 받았지만 직원에게 '그래도 감사하다'는 말을 하죠.

We lost the game. It was a great game though.
우리가 경기에 졌어. 그렇지만 훌륭한 경기였어.
I haven't traveled aboard. I would love to go though.
해외여행은 안 가봤어요. 그렇지만 가보고 싶어요.

Drill 1

학습한 내용을 응용하여 영작해보세요.

1

한국어 가이드북이 있나요?　　　　보기 guys, guidebook, you, a, do, have, Korean

2

다음 주에 개관하는 새로운 박물관이 있어요.

보기 will, week, new, there, a, museum, next, be, opening

3

무료로 제공하는 펜이 있나요?　　　　보기 pens, have, you, complimentary, do

4

유감스럽게도 저희는 15분 후에 문을 닫습니다.

보기 going, minutes, are, unfortunately, 15, we, close, in, to

5

그렇지만 도움은 됐어요.　　　　보기 though, it, helped

Drill 2

영어를 가리고 한국어를 보면서 바로 말할 수 있는지 체크해보세요. 54 02

☐	다음 주에 열리는 새로운 전시가 있어요.	We have a new exhibition opening next week.
☐	이번 전시 카탈로그가 있을까요?	Do you guys have a catalog for this exhibition?
☐	무료로 제공하는 엽서도 있나요?	Do you guys have a complimentary postcard?
☐	유감스럽게도 오늘 엽서가 벌써 다 나갔어요.	Unfortunately, we already ran out of postcards for today.
☐	그래도 감사해요.	Thank you though.
☐	박물관 지도가 있나요?	Do you guys have a map of the museum?
☐	최신 카탈로그를 주실 수 있나요?	Can I have the latest catalog?

정답 **1** Do you guys have a Korean guidebook? **2** There will be a new museum opening next week. **3** Do you have complimentary pens? **4** Unfortunately, we are going to close in 15 minutes. **5** It helped though.

푸드트럭에서 포장하기

리나가 푸드트럭에서 음식을 주문하려고 하나봐요.
다 함께 리나의 라이브 방송을 볼까요?

Live Talk

Lina	Hello, how are you? Can I have one chicken over rice?
Owner	Yes.
Lina	Do you have any sauce? What do you have?
Owner	White sauce, hot sauce, barbecue.
Lina	Okay, can I have all of them and maybe extra barbecue sauce?
Owner	Okay, miss.
Lina	Thank you so much.
Lina	Can I also have some napkins as well?
Owner	Napkins? Four?
Lina	Yes please. Thank you so much.
Owner	You're welcome.
Lina	Have a good day. Bye

chicken over rice 치킨 덮밥 **maybe** 혹시 **extra** 추가의, 가외의 **napkin** 냅킨, 휴지

Outdoors

55

리나	안녕하세요? 치킨 덮밥 하나 주 시겠어요?	사장	네, 알겠습니다.
사장	네.	리나	감사합니다.
리나	소스는 없나요? 어떤 소스가 있 나요?	리나	냅킨도 주실 수 있나요?
사장	화이트소스, 핫소스, 바비큐 소스 가 있어요.	사장	냅킨이요? 4장이면 될까요?
		리나	네. 감사합니다.
		사장	천만에요.
리나	네, 다 주시고 바비큐 소스는 추 가로 주시겠어요?	리나	즐거운 하루 보내세요. 안녕히 계 세요!

Mission Completed

리나가 어떻게 미션을 달성했는지 보세요.

☑ 푸드트럭에서 음식 주문하기

Lina **Hello, how are you? Can I have one chicken over rice?**

Owner **Yes.**

푸드트럭에서 음식 주문하는 건 일반적인 식당에서 주문하는 것과 그리 다를 것은 없어요. 〈Can I have~?〉 패턴을 사용해서 Can I have one chicken over rice?라고 말하면 됩니다. 〈Could I have~?〉 패턴도 '~주세요.'라는 표현으로 굉장히 많이 사용되는 패턴입니다.

☑ 소스 추가하기

Lina **Do you have any sauce? What do you have?**

Owner **White sauce, hot sauce, barbecue.**

주문한 음식에 필요한 소스를 주문할 때는 리나처럼 Do you have any sauce?라고 말할 수 있습니다. Can I order extra sauce?는 '소스를 추가로 주문해도 될까요?'라는 표현이에요!

☑ 냅킨 문의하기

Lina **Can I also have some napkins as well?**

Owner **Napkins? Four?**

Lina **Yes please. Thank you so much.**

Can I also have some napkins as well?은 '냅킨도 받을 수 있을까요?'라는 뜻으로 앞에서 요청한 소스 외에 냅킨도 달라는 표현입니다. 그래서 also와 as well이라는 단어가 들어가죠. 숟가락도 달라고 할 때는 Can I also have a spoon as well?이라고 하면 돼요.

Can I have one chicken over rice?

치킨 덮밥 하나 주시겠어요?

over는 여러 뜻을 가지고 있는데요. 대화문에서는 전치사로, '~위에' 또는 '~위로'라는 뜻으로 사용되었어요. 또 chicken over rice는 '닭을 밥 위에 얹다'라는 표현으로 덮밥을 말하고 있죠. a blanket over a child는 '아이 위에 담요를 덮다'라는 표현이고요. 이렇게 over은 다른 사람이나 사물이 위에 덮이도록 하는 것입니다. 또한 over는 다른 사람이나 사물 위로 닿지 않게 한다는 표현으로도 쓸 수 있어요. He held an umbrella over me.(그는 내 위로 우산을 씌워주었어요.)처럼 말이죠.

He wore a jacket over his shirt. 그는 셔츠 위에 재킷을 입었어요.
The light is hanging over the table. 그 테이블 위에는 등이 달려 있어요.
She put her hand over his forehead. 그녀가 손을 그의 이마 위에 얹었어요.

Do you have any sauce?

소스는 없나요?

sauce는 음식 맛을 돋우기 위해 곁들여 먹는 액체를 뜻하죠. 대화문에서는 white sauce(화이트 소스), hot sauce(핫소스), barbecue sauce(바베큐 소스)가 있다고 했어요. 그 외에 soy souce(간장 소스), chilli sauce(칠리 소스) 등 여러 가지 소스가 있을 수 있습니다. sauce(소스)는 발음에 주의해야 해요. 미국에 가서 '쏘스'라고 발음하면 잘 알아듣지 못할 수 있습니다. '쏘어~쓰'라고 발음해봅시다.

Do you want to try hot chili sauce? 매운 소스를 한번 먹어볼래요?
We serve it with barbecue sauce. 바비큐 소스와 함께 제공돼요.
Does this sauce have kiwi in it? 이 소스에 키위가 들어가나요?

Okay, can I have all of them and maybe extra barbecue sauce?

네, 다 주시고 바비큐 소스는 추가로 주시겠어요?

형용사 extra는 '추가의'라는 뜻으로 extra barbecue sauce는 '추가의 바비큐 소스'라는 표현입니다. 추가 요금을 이야기할 때도 extra를 써서 extra charge라고 해요. If you want to use the Internet, there is an extra charge.라고 하면 '인터넷을 이용하려면 추가 요금이 있어요.'라는 뜻입니다.

Is there an extra charge for that?	추가 요금이 발생하나요?
I did extra work last night.	어젯밤에 난 추가 업무를 했어요.
I'd like to have some extra money.	여윳돈을 좀 주세요.

Can I also have some napkins as well?

냅킨도 주실 수 있나요?

부사 also와 as well은 둘 다 '또한'이라는 의미를 가지고 있어요. 하지만 이 둘은 약간의 차이점이 있습니다. also는 as well보다는 조금 더 격식을 차린 표현으로, 구어체보다는 문어체에서 흔히 쓰입니다. 또한 also는 주어 뒤에 오고, as well은 표현의 맨 뒤에 붙어요. as well과 동일한 의미로 사용되는 단어로는 우리가 많이 아는 too도 있는데요. 이 단어 역시 대체로 문장의 맨 뒤에 붙입니다. 예를 들어 '주스를 주시고 쿠키도 주세요.'라고 하려면 I'll have juice and cookies as well. 혹은 I'll have juice and cookies, too.처럼 동일하게 사용합니다.

He is a photographer and also writes books.	그는 사진작가인데 책도 쓴다.
I'm cold, and I'm also hungry and tired.	나는 춥고 배고프고 피곤하다.
We like you as well.	우리도 널 좋아해.
Why don't you come as well?	너도 올래?
Can I order a ham sandwich as well?	햄 샌드위치도 주문해도 될까요?

Drill 1

학습한 내용을 응용하여 영작해보세요.

1

_____

소고기 덮밥 하나 주시겠어요?   보기 over, I, rice, can, have, beef, one

2

_____

수프는 없나요?   보기 any, you, soup, do, have

3

_____

추가 요금이 발생하나요?   보기 charge, that, is, extra, there, for, an

4

_____

샐러드도 주실 수 있나요?   보기 some, well, can, salad, I, as, have, also

5

_____

매운 소스를 한번 먹어볼래요?   보기 hot, you, sauce, do, to, chili, want, try

Drill 2

영어를 가리고 한국어를 보면서 바로 말할 수 있는지 체크해보세요.

	치킨 덮밥 하나 주시겠어요?	Can I have one chicken over rice?
☐	소스는 없나요?	Do you have any sauce?
☐	다 주시고 바비큐 소스는 추가로 주시겠어요?	Can I have all of them and extra barbecue sauce?
☐	냅킨도 주실 수 있나요?	Can I also have some napkins as well?
☐	소스를 더 추가해서 주문해도 될까요?	Can I order extra sauce?
☐	그는 셔츠 위에 재킷을 입었어요.	He wore a jacket over his shirt.
☐	이 소스에 키위가 들어가나요?	Does this sauce have kiwi in it?

 1 Can I have one beef over rice? **2** Do you have any soup? **3** Is there an extra charge for that? **4** Can I also have some salad as well? **5** Do you want to try hot chili sauce?

미국 헬스장 이용하기

운동을 하러 헬스장에 간 리나.
오늘은 애나 선생님에게서 어떤 미션을 받게 될까요?

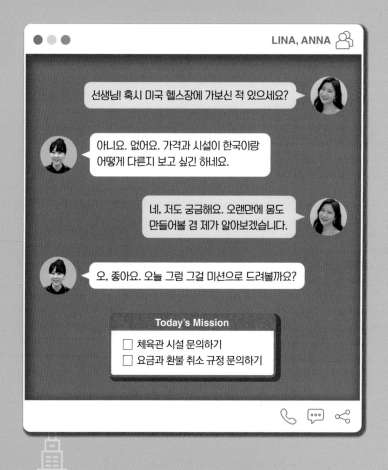

LINA, ANNA

선생님! 혹시 미국 헬스장에 가보신 적 있으세요?

아니요. 없어요. 가격과 시설이 한국이랑 어떻게 다른지 보고 싶긴 하네요.

네, 저도 궁금해요. 오랜만에 몸도 만들어볼 겸 제가 알아보겠습니다.

오, 좋아요. 오늘 그럼 그걸 미션으로 드려볼까요?

Today's Mission

☐ 체육관 시설 문의하기
☐ 요금과 환불 취소 규정 문의하기

오늘의 대화문을 귀 기울여 들어보세요. 56 01

Lina	Hello, how are you?
Trainer	Hello, how are you doing?
Lina	I'm good.
Trainer	Are you new here?
Lina	Yes, I am. Do you guys have stationary bikes?
Trainer	Yes, over there.
Lina	Great.
	How much is the monthly membership here, and what's the cancellation policy?
Trainer	It'll be 30 dollars for the monthly membership, $300 for the yearly membership.
	There's no sign-up fees or cancellation fees.
Lina	Wow, I'll sign up for the monthly membership then.
Trainer	Okay great. We also give new-member's orientations for the first month.
	Also, personal trainings are available to you.
	You just need to make appointments in advance.
Lina	Sounds great. Let's do it!
Trainer	Awesome!

stationary 움직이지 않는, 정지된 **stationary bike** 실내(운동) 자전거, 페달 밟기 운동 기구 **monthly** 매월의, 한 달에 한 번의 **membership** 회원 **monthly membership** 월 회원 **yearly** 연간의 **cancellation policy** 취소 규정 **sign-up fee** 가입비 **cancellation fee** 취소 비용 **sign up** 등록하다, 가입하다 **new-member** 신규 가입자, 신입 **orientation** 오리엔테이션, 예비 교육 **personal training** 개인 트레이닝 **in advance** 사전에, 미리

리나	안녕하세요.
트레이너	안녕하세요. 기분 어때요?
리나	좋아요.
트레이너	여기 처음 오셨나요?
리나	네. 실내 자전거가 있나요?
트레이너	네, 저기 있어요.
리나	좋네요. 한 달 요금과 취소 규정은 어떻게 되나요?
트레이너	한 달에 30달러이고, 1년에 300달러예요. 가입 비용과 취소 비용은 없어요.
리나	와, 그렇다면 한 달 등록할게요.
트레이너	좋아요. 첫 달에는 새로운 회원을 위한 오리엔테이션이 있어요. 그리고 개인 트레이닝 수업도 있어요. 사전에 예약만 하시면 됩니다.
리나	좋네요. 해봅시다!
트레이너	좋아요!

Mission Completed

리나가 어떻게 미션을 달성했는지 보세요.

☑ 체육관 시설 문의하기

Lina **Yes, I am. Do you guys have stationary bikes?**

Trainer **Yes, over there.**

체육관 시설에 대해 문의할 때 리나가 어떻게 말했었죠? 〈Do you have~?〉 패턴을 사용해서 Do you have guys stationary bikes?라고 했죠. 어떤 시설이 있는지를 알고 싶을 때는 이 패턴을 사용할 수 있어요. 실내 자전거가 있는지를 물을 때는 stationary bikes(정지된 자전거), 즉 실내 자전거라는 뜻의 단어를 써서 Do you have stationary bikes?라고 말하면 됩니다. 러닝 머신은 treadmill이고 바벨 기구는 barbell bench라고 하니 패턴에 다양한 단어를 넣어서 말해보세요.

☑ 요금과 환불 취소 규정 문의하기

Lina **How much is the monthly membership here, and what's the cancellation policy?**

Trainer **It'll be 30 dollars for the monthly membership, $300 for the yearly membership. There's no sign-up fees or cancellation fees.**

헬스장의 한 달 요금을 문의할 때는 How much is the monthly membership?이라고 하고, 1년 요금을 문의할 때는 How much is the annual membership?이라고 말하면 됩니다. 환불 규정을 문의할 때는 What's the cancellation policy? 또는 What's the refund policy?라고 말합니다. refund policy는 '환불 규정'이고 cancellation policy는 '취소 규정'이지만 둘 다 환불 규정을 물을 때 사용할 수 있는 표현이에요.

Are you new here?

여기 처음 오셨나요?

'여기 처음이세요?'라는 표현으로는 Are you new here? 또는 Is this your first time here?이 있어요. 만약 처음이라면 Yes, This is my first time here.(네, 여기 처음 와봐요.)라고 대답하거나 경험을 나타내는 현재완료 시제를 사용해서 This is the first time I've been here.라고 말할 수도 있습니다.

I am new here.	나는 여기 처음 왔어요.
We're all new here.	우리는 모두 이곳에 새로 왔어요.
I'm new to the town.	제가 이곳에 처음 와서 잘 몰라요.

How much is the monthly membership here, and what's the cancellation policy?

한 달 요금과 취소 규정은 어떻게 되나요?

---

monthly와 같은 〈시간 단위 + -ly〉는 형용사나 부사 둘 다로 사용할 수 있어요. 대화문에서처럼 관사 the와 명사 membership 사이에 사용하면 형용사처럼 쓰이고, 부사로 사용하려면 주로 문장 맨 뒤에 넣어주면 됩니다. 예를 들어 He gets paid monthly.라고 하면 '매월, 다달이'라는 뜻의 부사가 쓰여서 '그는 월급을 받는다.'라는 뜻이 됩니다.

The monthly fee is fixed.
월별 요금은 정해져 있어요.

Are you taking a monthly holiday?
오늘 월차 휴가를 냈나요?

She'll be raising the monthly rental fee.
그녀는 월 임대료를 인상할 거라고 해요.

Wow, I'll sign up for the monthly membership then.

와, 그렇다면 한 달 등록할게요.

---

then은 '그렇다면'이라는 뜻으로 I'll sign-up for the monthly membership then.은 '그렇다면 한 달 등록할게요.'가 됩니다. Then은 '그때, 그다음에'라는 뜻도 있어서 I met Anna then.(나는 그때 애나를 만났어.) 또는 Boil the water then put the noodle.(물을 끓인 다음에 국수를 넣어요.)과 같이 표현할 수 있습니다.

> **We'll go to school** then. 그렇다면 우리가 학교로 갈게요.
> **Can we meet at the mall** then? 그렇다면 몰에서 만나면 될까?

You just need to make appointments in advance.

사전에 예약만 하시면 됩니다.

---

appointment(예약)는 공식적인 일정으로 병원 진료, 은행, 전문가 상담, 운동 예약 등을 말합니다. I have a dentist appointment on Monday morning. 친구들이나 가족과 같이 가까운 사람들과의 약속이나 계획은 plan을 사용하는데, plan은 주로 복수형으로 사용합니다.

> **I need to make an** appointment **with my doctor.**
> 내 주치의와 예약 일정을 잡아야 해요.
>
> **Do you have an** appointment **with our manager?**
> 저희 담당자와 약속이 잡혀 있나요?

Let's do it!

해봅시다!

제안의 표현 let's는 let us의 줄임말로 '~하자'라는 의미를 가지고 있어요. Let's do it! 하면 '해보자!'라는 뜻이 됩니다.

> **Let's go to the movies next Sunday?** 다음 주 일요일에 영화보러 가자!
> **Let's talk first.** 대화를 먼저 나누자.
> **Let's not talk about him.** 그에 대해 이야기하지 말자.

Drill 1

1

나는 여기 처음 왔어요.　　　　　　　　　　　　**보기** here, I, new, am

2

러닝머신이 있나요?　　　　　　　　**보기** have, do, treadmills, guys, you

3

1년 요금은 어떻게 되나요?　　**보기** annual, here, much, is, how, the, membership

4

그렇다면 몰에서 만나면 될까?　　　　**보기** the, can, then, meet, we, at, mall

5

내 주치의와 예약 일정을 잡아야 해요.

　　　　　보기 make, doctor, need, my, an, to, with, appointment, I

Drill 2

☐ 여기 처음 오셨나요?	Are you new here?
☐ 실내 자전거가 있나요?	Do you guys have stationary bikes?
☐ 한 달 요금은 어떻게 되나요?	How much is the monthly membership here?
☐ 취소 규정은 어떻게 되나요?	What's the cancellation policy?
☐ 그렇다면 한 달 등록할게요.	I'll sign up for the monthly membership then.
☐ 사전에 예약만 하시면 됩니다.	You just need to make appointments in advance.
☐ 오늘 월차 휴가를 냈나요?	Are you taking a monthly holiday?

정답 **1** I am new here. **2** Do you guys have treadmills? **3** How much is the annual membership here? **4** Can we meet at the mall then? **5** I need to make an appointment with my doctor.

헬스장에서 스몰톡 하기

헬스장에서 운동을 하고 있는 리나.
오늘은 어떤 미션을 받게 될까요?

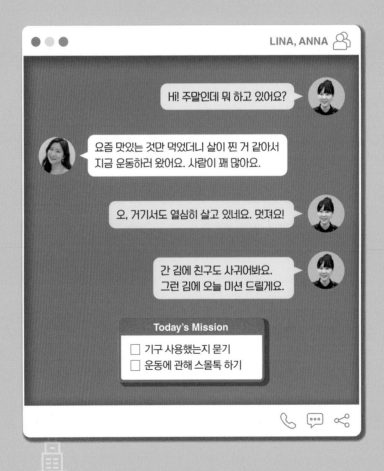

LINA, ANNA

Hi! 주말인데 뭐 하고 있어요?

요즘 맛있는 것만 먹었더니 살이 찐 거 같아서
지금 운동하러 왔어요. 사람이 꽤 많아요.

오, 거기서도 열심히 살고 있네요. 멋져요!

간 김에 친구도 사귀어봐요.
그런 김에 오늘 미션 드릴게요.

Today's Mission
- [ ] 기구 사용했는지 묻기
- [ ] 운동에 관해 스몰톡 하기

Live Talk

Lina	Hey, are you done with that?
Member	Yeah, go for it.
Lina	If I may ask... how long have you been working out?
Member	Today? I just came in. If you're asking in general, around 7 years now?
Lina	Wow, I've been on and off, but honestly, it's so hard to be dedicated.
Member	Yeah, it takes discipline. You recently signed up? I haven't seen you around here before.
Lina	Actually, today's my first day.
Member	Oh, yeah? What's your name?
Lina	Lina. And yours?
Member	Novella. Well, maybe next time we can work out together! It's sometimes nice to have a 'workout buddy.'
Lina	I'm so down for that!
Member	Alright. See you around, Lina.
Lina	Bye.

be done with ~을 다하다, 끝내다   **work out** (강도 높은 근력운동, 관리 등) 운동하다   **just come in** 방금 오다   **in general** 일반적으로, 보통, 대개   **on and off** 하다 말다   **honestly** 솔직히, 정말로   **dedicated** 꾸준히 하는, 전념하는, 헌신적인   **take discipline** 훈련이 필요하다   **recently** 최근에   **workout buddy** 운동 친구   **I'm down** 나도 찬성이다, 동의한다   **around** 조만간

리나	저기, 다 하셨나요?		전에 본 적이 없네요.
회원	네, 하세요.	리나	사실, 오늘이 처음이에요.
리나	실례가 안 된다면… 운동하신 지 얼마나 됐는지 여쭤봐도 될까요?	회원	아, 정말요? 이름이 어떻게 되세요?
회원	오늘이요? 방금 왔어요. 운동한 기간을 묻는 거라면, 7년 정도?	리나	리나예요. 그쪽은요?
리나	와, 저는 운동을 하다가 안 하다가 하는데, 솔직히, 꾸준히 하는 게 너무 힘드네요.	회원	노벨라예요. 다음에 한번 같이 운동해요! 가끔 '운동 친구'가 있으면 좋잖아요.
회원	맞아요, 훈련이 필요하죠. 최근에 등록하셨어요?	리나	좋아요!
		회원	좋아요, 조만간 또 봐요, 리나.
		리나	안녕히 가세요.

Mission Completed

리나가 어떻게 미션을 달성했는지 보세요.

☑ 기구 사용했는지 묻기

Lina **Hey, are you done with that?**

Member **Yeah, go for it.**

헬스장에서 운동기구를 다 사용했는지 물으려면 Are you done with that?이라고 물어보면 되죠. 〈Are you done with~?〉는 '~은 다 했니?'라고 묻는 패턴으로, with 뒤에 무엇을 끝냈는지 그 대상을 말해주면 됩니다. 예를 들어 Are you done with your class?(수업은 끝났어?) Are you done with that pen?(그 볼펜 다 사용했어요?)과 같이 말해요. 〈Are you done + 동사-ing〉 패턴도 있는데요. 의미는 같아서 Are you done eating?(다 먹었어요?), Are you done reading?(다 읽었어요?)과 같이 씁니다.

☑ 운동에 관해 스몰톡 하기

Lina **If I may ask… how long have you been working out?**

Member **Today? I just came in. If you're asking in general, around 7 years now?**

운동에 관해 다른 회원과 스몰토크를 진행하려면, 리나처럼 먼저 polite하게 If I may ask라고 한 후 How long have you been working out?이라고 말을 이어가면 됩니다. 〈have/has been + 동사-ing〉의 현재완료 진행형은 how long과 같이 시간의 경과와 동작을 강조하는 거예요. 굳이 현재완료에다 진행형을 쓴 이유는 상대방이 운동을 하고 있는 중이기 때문입니다.

If I may ask… how long have you been working out?

실례가 안 된다면… 운동하신 지 얼마나 됐는지 여쭤봐도 될까요?

work out과 exercise 둘 다 '운동하다'라는 뜻이죠. 하지만 work out이라는 단어를 들으면 보통 gym을 떠올려요. 이처럼 work out은 강도 높은 근력운동이나 몸매 관리의 느낌입니다. 한편 exercise는 건강을 위해 하는 조깅, 수영, 산책 등의 다양한 운동이 생각 나죠.

He works out regularly.	그는 규칙적으로 운동을 해요.
I work out at the gym all day.	나는 하루 종일 헬스장에서 운동을 해요.
I've been working out for 10 years.	나는 10년 동안 운동을 하고 있어요.

I've been on and off, but honestly, it's so hard to be dedicated.

저는 운동을 하다가 안 하다가 하는데, 솔직히, 꾸준히 하는 게 너무 힘드네요.

on and off

'하다 말다'라는 의미로 on and off 또는 off and on을 사용합니다. 누군가와 사귀다 헤어졌다를 반복하면 I've been dating on and off.라고 말하면 되죠.

It's raining on and off.	비가 오다 말다 해.
I go jogging on and off.	나는 가끔 조깅을 해요.

dedicated

dedicated는 '전념하는'이라는 의미로 Anna is dedicated to her job.(애나는 그녀의 일에 전념하고 있어요.)으로 말할 수 있어요. '일에 쉽게 전념하다, 집중하다, 쏟아붓다'와 같은 좋은 표현으로 throw into라는 단어도 있습니다. I throw everything into it.(나는 모든 것을 쏟아부었다.), Throw yourself into work. (일에 집중하세요.)

He is dedicated to his work.	그는 그의 일에 전념해요.
It's not easy to be dedicated.	전념하는 것은 쉬운 일이 아니에요.

It's sometimes nice to have a 'workout buddy.'

가끔 '운동 친구'가 있으면 좋잖아요.

buddy는 '친구, 단짝, 동료'라는 뜻으로 앞에 workout을 넣어서 workout buddy라고 하면 '운동 친구'라는 뜻이 됩니다. 이처럼 특정 일을 같이 하는 친구라고 하고 싶을 때는 golf buddy, school buddy 등으로 말하면 됩니다.

This is my workout buddy, Jack.	이쪽은 내 운동 친구 잭이야.
I really need a workout buddy.	나는 정말 운동 친구가 필요해.
It's good to have a workout buddy.	운동 친구가 있는 것이 좋아.

I'm so down for that!

좋아요!

be down for는 '~을 하고 싶어하다'라는 뜻이에요. 여기서 I'm so down은 밑으로 간다는 뜻이 아닌 '나도 좋아!'라는 뜻입니다. 〈I'm down for + 명사〉로 쓰면 '나도 그거 좋아!'라는 뜻으로 I'm down for coffee!(나도 커피 콜!)처럼 사용할 수 있어요. 또 Are you down too?라고 물어보면 '너도 좋지?'라는 의미가 됩니다.

Are you down for it?	너도 할래?
I'm down for a piece of cake.	나는 케이크를 한 조각 먹고 싶어.
I'm down for it!	그래, 좋아!
➕ be down for를 이용한 짧은 대화문을 알아볼까요?	
A: Who's down for cake?	누가 케이크 먹을래?
B: I'm so down for it.	나요.
A: How about a dinner next Friday?	다음 주 금요일 저녁 어때요?
B: I'm down for it.	좋아요.

1

_____

수업은 끝났어?　　　　　　　　　　　　　보기 with, class, are, done, you, your

2

_____

그는 규칙적으로 운동을 해요.　　　　　　　보기 regularly, he, out, works

3

_____

그는 그의 일에 전념해요.　　　　　　　　　보기 to, he, work, dedicated, is, his

4

_____

비가 오다 말다 해.　　　　　　　　　　　　보기 off, it's, on, raining, and

5

_____

나는 정말 운동 친구가 필요해.　　　　　　보기 need, I, buddy, really, workout, a

☐ 저기, 다 하셨나요?	Hey, are you done with that?
☐ 실례가 안 된다면… 운동하신 지 얼마나 됐는지 여쭤봐도 될까요?	If I may ask... how long have you been working out?
☐ 저는 운동을 하다가 안 하다가 하는데, 꾸준히 하는 게 너무 힘드네요.	I've been on and off, it's so hard to be dedicated.
☐ 전에 본 적이 없네요.	I haven't seen you around here before.
☐ 가끔 '운동 친구'가 있으면 좋잖아요.	It's sometimes nice to have a 'workout buddy.'
☐ 좋아요!	I'm so down for that!
☐ 나는 10년 동안 운동을 하고 있어요.	I've been working out for 10 years.

정답　**1** Are you done with your class? **2** He works out regularly. **3** He is dedicated to his work.
4 It's raining on and off. **5** I really need a workout buddy.

차고 세일 가기

리나가 사는 동네의 어느 집에서 개러지 세일(garage sale)을 하나봐요.
다 함께 리나의 라이브 방송에 들어가볼까요?

Lina	Hello, how are you?
Owner	I'm good, how are you?
Lina	Oh wow, these are super unique. What is this?
Owner	This is a sculpture representing Venezuela.
Lina	Venezuela! Are you Venezuelan?
Owner	No... I'm Peruvian.
Lina	Peruvian. Oh, okay. So cool. Did you make it?
Owner	No... I didn't make it.
Lina	You didn't make it. That's awesome. Oh… what's this?
Owner	That's a so, my aunt used it for Jelly Beans. You, like, put Jelly Beans or canes of Jolly Ranchers on it.
Lina	Jelly Beans? The color is just so beautiful. Oh wow. How much is it?
Owner	15 dollars.
Lina	15 dollars? Okay, I'll take this. And… These are cute. What's this one though?
Owner	Those are 2 for 1.
Lina	Glass? 2 for 1 dollar?
Owner	Yes, you can use it as a… when you get to drink wine or juice.
Lina	Wine or juice… So cute. Okay. I'll take these too.
Owner	Okay.
Lina	Thank you.
Owner	Okay. That would be 16 in total.
Lina	16 dollars? Here. Thank you.

---

unique 특이한, 특별한, 단 하나뿐인 sculpture 조각품 represent 대표하다 Venezuelan 베네수엘라 사람[문화](의) Peruvian 페루 사람(의) use for ~을 위해 사용하다 use as ~으로 사용하다

리나	안녕하세요.	리나	젤리빈이요? 색이 정말 예쁘네요. 와. 이건 얼마예요?
주인	안녕하세요.	주인	15달러요.
리나	와, 엄청 특이하네요. 이게 뭐가요?	리나	15달러요? 네, 이거 살게요. 그리고… 정말 귀엽네요. 이건 뭐가요?
주인	이건 베네수엘라를 대표하는 조각품이에요.	주인	2개에 1달러예요.
리나	베네수엘라! 베네수엘라 사람이세요?	리나	유리잔이죠? 2개에 1달러요?
주인	아뇨… 저는 페루 사람이에요.	주인	네, 와인이나 주스 마실 때 사용할 수 있어요.
리나	페루 사람. 아, 네. 멋지네요. 직접 만드신 건가요?	리나	와인이나 주스… 정말 귀엽네요. 좋아요. 이것도 살게요.
주인	아니요… 제가 만든 건 아니에요.	주인	네.
리나	아니군요. 멋지네요. 오… 이건 뭐가요?	리나	감사합니다.
주인	이건, 저희 고모가 젤리빈을 담아놓던 거예요. 젤리빈이나 졸리 랜처를 담아놓기 좋아요.	주인	네. 총 16달러예요.
		리나	16달러요? 여기 있어요. 감사합니다.

Mission Completed

리나가 어떻게 미션을 달성했는지 보세요.

☑ 직접 만들었는지 묻기

Lina **Peruvian. Oh, okay. So cool. Did you make it?**

Owner **No… I didn't make it.**

어떤 물건을 상대방이 직접 만들었는지를 물어볼 때는 Did you make it?이라고 말해도 되고, 다른 표현으로는 Did you make it yourself?가 있어요. on your own(스스로, 혼자서)를 넣어 말할 수도 있습니다. Did you make it on your own?

☑ 물건의 용도 물어보기

Lina **You didn't make it. That's awesome. Oh… what's this?**

Owner **That's a so, my aunt used it for Jelly Beans.**

물건의 용도를 물어볼 때는 간단하게 What's this?라고 물어보면 됩니다. 전치사 for를 써서 What is this glass for?(이 잔은 무엇에 쓰이나요?)라고도 할 수 있어요.

Oh wow, these are super unique.

와, 엄청 특이하네요.

unique는 '특이하다'라는 뜻으로, super를 넣으면 '엄청 특이하다'라는 의미가 됩니다. 비슷한 표현으로 one of a kind가 있는데, '특별한, 단 하나뿐인'이라는 뜻이에요. It's one of a kind. 또 out of the ordinary(특이한, 색다른)라는 표현도 있어요. It's out of the ordinary.

The kangaroo is a unique animal.　캥거루는 특이한 동물이에요.
Everyone has a unique fingerprint.　모든 사람은 특이한 지문을 가지고 있어요.

The color is just so beautiful.

색이 정말 예쁘네요.

'아름다운, 멋진, 훌륭한'이라는 뜻의 beautiful 대신 사용할 수 있는 단어에는 charming, marvelous, stunning, lovely, gorgeous 등이 있습니다. The color is just so stunning. The color is so gorgeous.라고 말해봐요!

The garden is beautiful in May.　그 정원은 5월에 아름다워요.
You're so beautiful to me.　당신은 나에게 너무 아름다워요.

What's this one though?

이건 뭔가요?

문장 끝에 오는 부사 though는 '~이지만, 그래도'라는 뜻이에요. 거절을 할 때도 사용할 수 있어요. Thanks though.(그래도 고맙습니다.)처럼 말할 수 있습니다.

I'm good. Thanks though.
괜찮아요. 감사합니다.
I can't join your party. Thanks for inviting me though.
오늘 파티에 못 가요 그래도 초대해줘서 고마워요.
We lost the game. It was a good game though.
우리가 졌어. 그렇지만 훌륭한 경기였어.

Those are 2 for 1.

2개에 1달러예요.

〈개수 for 가격〉의 패턴은 '이 개수가 이 가격'이라는 의미입니다. 그래서 2 for 1이라고 하면 '2개에 1달러'라는 의미가 되죠.

5 for $10.	5개에 10달러입니다.
4 for $25.	4개에 25달러예요.
10 for $130.	10개에 130달러입니다.

Yes, you can use it as a... when you get to drink wine or juice.

네, 와인이나 주스 마실 때 사용할 수 있어요.

전치사 as는 자격이나 기능 등을 말할 때 '~로(서)'라는 의미로 사용해요. 그래서 I'll try my best as an English learner.라고 하면 '영어를 배우는 사람으로서 최선을 다할게요.'라는 뜻입니다.

I like Anna as a teacher.	나는 애나를 선생님으로서 좋아해요.
You can use that cup as a vase.	저 컵을 화병으로 사용할 수 있어요.
I work as a flight attendant.	나는 승무원으로 일해요.

That would be 16 in total.

총 16달러예요.

물건 구입 시 판매하는 총 액수를 말할 때는 〈That would be ~ in total〉의 패턴으로 말합니다. 그래서 '총 58달러입니다.'는 That would be 58 dollars in total.'이라고 말하면 되겠죠.

➕ 가격이 너무 비쌀 때 '깎아주세요.'라는 표현은 어떻게 할까요? 다음과 같이 여러 표현을 사용할 수 있습니다.
Can you come down a little? Can you make it a little cheaper?
Can you give me a little break on the price? Can you go any lower?
Can you give me a discount? Can I get a discount?

Drill 1

학습한 내용을 응용하여 영작해보세요.

1

_____

이 유리잔들은 아주 특이하네요.　　　　　　　　보기 very, these, are, unique, glasses

2

_____

이 열쇠는 무엇에 쓰이나요?　　　　　　　　　　보기 this, what, for, is, key

3

_____

모양이 정말 아름답네요.　　　　　　　　　　　　보기 so, the, beautiful, shape, just, is

4

_____

괜찮아요. 감사합니다.　　　　　　　　　　　　　보기 though, good, thanks, I'm

5

_____

총 43달러예요.　　　　　　　　　　　　　　　　　보기 be, total, in, that, 43, would

Drill 2

영어를 가리고 한국어를 보면서 바로 말할 수 있는지 체크해보세요.

☐ 와, 엄청 특이하네요.	Oh wow, these are super unique.
☐ 직접 만드신 건가요?	Did you make it?
☐ 색이 정말 예쁘네요.	The color is just so beautiful.
☐ 이건 뭔가요?	What's this one though?
☐ 2개에 1달러예요.	Those are 2 for 1.
☐ 총 16달러예요.	That would be 16 in total.
☐ 모든 사람은 특이한 지문을 가지고 있어요.	Everyone has a unique fingerprint.

 1 These glasses are very unique. **2** What is this key for? **3** The shape is just so beautiful.
4 I'm good. Thanks though. **5** That would be 43 in total.

이웃의 슬픔에 공감해주기

길거리에서 이웃을 만난 리나.
오늘은 애나 선생님에게서 어떤 미션을 받아 도전할까요?

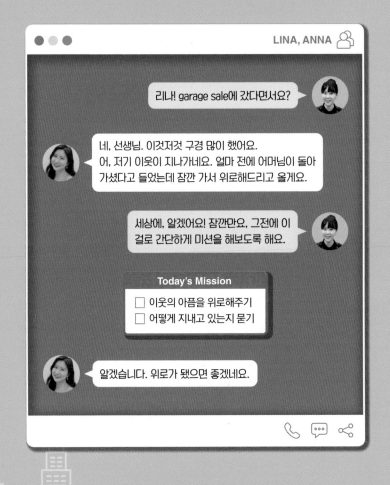

LINA, ANNA

리나! garage sale에 갔다면서요?

네, 선생님. 이것저것 구경 많이 했어요.
어, 저기 이웃이 지나가네요. 얼마 전에 어머님이 돌아
가셨다고 들었는데 잠깐 가서 위로해드리고 올게요.

세상에, 알겠어요! 잠깐만요, 그전에 이
걸로 간단하게 미션을 해보도록 해요.

Today's Mission
- ☐ 이웃의 아픔을 위로해주기
- ☐ 어떻게 지내고 있는지 묻기

알겠습니다. 위로가 됐으면 좋겠네요.

Live Talk

Lina	Hey, Joe. How are you?
Joe	How are you doing?
Lina	I'm good. What are you doing here?
Joe	I just parked the car down the corner, and I have to **pick** something **up** at the store.
Lina	By the way, I heard about your mom recently… I'm so **sorry** for your loss.
Joe	It's been very hard lately. I should've visited a lot more.
Lina	I've been praying for you and your family. How are you **holding up**?
Joe	Well… My dad ate **for the first time** today. He's taking it the hardest out of all of us.
Lina	Just so you know, I'm **here for you** if you need anything.
Joe	Lina. You're always so kind. I greatly appreciate it.

---

down 아래(쪽)에, 아래로　**pick up** 사다　**recently** 최근에(=lately)　**sorry** 안쓰러운, 애석한, 유감스러운, 미안한　**loss** 상실, 죽음[사망], 분실, 손실　**pray** 기도하다, 간절히 바라다, 기원하다　**hold up** 견디다, 버티다, 붙잡다　**hardest** 가장 힘든, 가장 어려운(hard의 최상급)　**appreciate** 고마워하다

리나	조. 안녕하세요.	리나	조와 가족들을 위해 기도하고 있어요. 어떻게 이겨내고 계시나요?
조	잘 지내?		
리나	잘 지내요. 여기서 뭐하세요?	조	음… 아버지가 오늘 처음으로 식사를 하셨어. 우리 중에 가장 힘들어하고 계셔.
조	아래쪽에 주차하고 가게에서 살게 있어서.		
리나	그나저나, 최근 어머니에 대해 들었어요…. 상심이 정말 크시겠어요.	리나	제가 항상 옆에 있으니까, 도움이 필요하면 알려주세요.
조	최근 많이 힘들었지. 더 많이 뵈러 갔어야 하는데.	조	리나. 정말 착하구나. 정말 고마워.

Mission Completed

리나가 어떻게 미션을 달성했는지 보세요.

☑ 이웃의 아픔을 위로해주기

Lina **By the way, I heard about your mom recently… I'm so sorry for your loss.**

Joe **It's been very hard lately. I should've visited a lot more.**

조의를 표하는 표현으로 리나는 I'm so sorry for your loss.라고 했어요. 만약 누나가 돌아가셨다면 뒤에 about을 붙여서 I'm so sorry about your sister.라고 하면 됩니다. 비슷한 다른 표현으로는 I'm so sorry to hear that.(정말 안타까운 소식이에요.) My heart goes out to you.(당신의 심정을 이해합니다.)가 있으니 알아두세요!

☑ 어떻게 지내고 있는지 묻기

Lina **I've been praying for you and your family. How are you holding up?**

Joe **Well… My dad ate for the first time today.**
He's taking it the hardest out of all of us.

안부를 묻는 표현 중 어떻게 이겨내고 있는지를 물을 때는 How are you holding up?이라고 해요. How are you hanging in there? 역시 어떻게 버텨내고 있는지 묻는 표현입니다. '네가 이런 일을 겪다니 너무 안타깝다.'는 sorry를 써서 I'm so sorry that you are going through this. 마지막으로, 리나가 말한 표현 중에 아주 좋은 게 있었죠. 힘이 되어주는 한마디였어요. '제가 항상 옆에 있으니까, 도움이 필요하면 알려주세요.' I'm here for you if you need anything. 상심에 빠진 사람에게 해주면 도움이 될 말이겠죠?

I have to pick something up at the store.
가게에서 살 게 있어서.

pick up은 '줍다'라는 뜻으로 많이 알고 있지만 여러 가지 뜻이 있어요. 여기서는 '사다'라는 뜻으로 쓰였죠. I picked up some milk at the store.(가게에서 우유를 샀어요.) '언어를 습득하다'라는 뜻으로는 I picked up English watching movies.(나는 영화를 보면서 영어를 배웠다.) '차로 태워주다'라는 뜻으로는 I'll pick you up at 6.(내가 6시에 너를 태우러 갈게.) '몸이나 기분을 나아지게 하다'라는 뜻으로는 Eat this, it will pick you up.(이거 먹어봐, 기분이 좀 나아질 거야.)

I need to pick up my child at the daycare.
어린이집으로 아이를 데리러 가야 해요.

This vitamin will pick you up.
이 비타민은 기운이 나게 해줄 거예요.

Could you pick up some salad on the way home?
집에 오는 길에 샐러드 좀 사 가지고 올래?

I'm so sorry for your loss.
상심이 정말 크시겠어요.

sorry는 '미안한' 외에 '안쓰러운, 애석한'이라는 뜻도 있어서 애도를 표현할 때 sorry가 자주 쓰입니다. 안타까운 소식을 들었을 땐 I'm sorry to hear that.이라고 말하죠. 간단하게는 I'm really sorry about your mother.(너의 어머님에 대해서 정말 유감이야.)이라고 말할 수 있습니다.

I'm really sorry to hear that. 정말 유감이네요.
I'm sorry for the loss of the dog. 강아지를 잃은 것은 유감입니다.
I'm sorry about your cat. 고양이에 대해서 정말 유감이에요.
➕ 진심으로 애도의 뜻을 표함을 전하고 싶을 때는 Please accept my condolences.라고 말하면 됩니다. condolences는 '조의, 애도'라는 뜻이고 '동정, 연민'이라는 뜻의 sympathy를 써서 Please accept my deepest sympathy.라고 말해도 됩니다.

How are you holding up?

어떻게 이겨내고 계시나요?

Are you okay?로도 물어볼 수 있겠지만 How are you holding up?이라고 물어봤네요. hold는 '붙잡다, 버티다'라는 뜻으로 안 좋은 일을 겪은 사람에게 괜찮은지, 견딜 만한지를 물으며 위로의 뜻을 전할 때 쓰이는 표현입니다. 그래서 '괜찮아? 견딜 만해?'라는 표현이 되죠. '얼마나 힘들지 상상이 안 가.'라는 표현으로 I can't imagine what you're going through. 도 있어요. go through는 '경험하다, 겪다'라는 뜻입니다.

Are you holding up **well?**	잘 견디고 있나요?
Hope you're holding up.	잘 이겨내고 있길 빌게.
How's Dad holding up?	아빠는 어떻게 견디고 계세요?

My dad ate for the first time today.

아버지가 오늘 처음으로 식사를 하셨어.

아버지가 슬픔을 겪은 후 오늘 처음으로 식사를 하기 시작했다는 표현으로, for the first time(처음으로)을 넣어서 말했네요. for the first time in a month(한 달 만에 처음으로), for the first time in 2 weeks(2주 만에 처음으로).

I got a call from her for the first time.	처음으로 그녀에게서 전화가 왔다.
I slept well for the first time **in years.**	수년 만에 처음으로 잠을 잘 잤어요.

I'm here for you if you need anything.

제가 항상 옆에 있으니까, 도움이 필요하면 알려주세요.

I'm here for you if you need anything.은 '도움이 필요하면 나는 항상 여기 있어./나를 찾아와.'라는 표현인데요. 다른 표현도 알아볼까요? Everything will be okay.(다 괜찮아질 거야.) Things will get better soon.(상황이 나아질 거야.) You're not alone.(너는 혼자가 아니야./네 곁에 항상 내가 있어.) You're tough enough.(너는 충분히 강해.)

We're here for you **all the time.**	우리가 항상 여기 있다는 걸 잊지 마세요.
I'll always be here for you.	내가 널 위해 항상 옆에 있을게.
Don't worry, I'm here for you.	걱정 마, 내가 곁에 있어줄게.

학습한 내용을 응용하여 영작해보세요.

1

_____

누나에 대해 상심이 정말 크시겠어요.　　　　보기 your, I'm, sister, so, about, sorry

2

_____

어떻게 견디고 있나요?　　　　보기 hanging, are, how, there, you, in

3

_____

잘 견디고 있나요?　　　　보기 well, you, up, are, holding

4

_____

수년 만에 처음으로 잠을 잘 잤어요.　　　　보기 time, years, I, for, in, slept, the, well, first

5

_____

우리가 항상 여기 있다는 걸 잊지 마세요.　　　　보기 the, here, time, we're, for, all, you

Drill 2

영어를 가리고 한국어를 보면서 바로 말할 수 있는지 체크해보세요. 　59 02

☐ 가게에서 살 게 있어서.	I have to pick something up at the store.
☐ 최근 어머니에 대해 들었어요.	I heard about your mom recently.
☐ 상심이 정말 크시겠어요.	I'm so sorry for your loss.
☐ 어떻게 이겨내고 계시나요?	How are you holding up?
☐ 아버지가 오늘 처음으로 식사를 하셨어.	My dad ate for the first time today.
☐ 제가 항상 옆에 있으니까, 도움이 필요하면 알려주세요.	I'm here for you if you need anything.
☐ 정말 유감이네요.	I'm really sorry to hear that.

정답 **1** I'm so sorry about your sister. **2** How are you hanging in there? **3** Are you holding up well? **4** I slept well for the first time in years. **5** We're here for you all the time.

네일 샵 방문하기

네일 샵에 간 리나.
오늘은 애나 선생님에게서 어떤 미션을 받게 될까요?

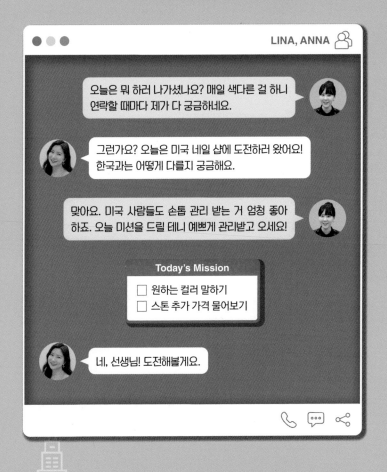

Live Talk

오늘의 대화문을 귀 기울여 들어보세요.

Lina	These are beautiful colors. I'm so **excited**.
Nail Artist	What color would you like for today?
Lina	Um… I will go with pink.
Nail Artist	Oh, great choice. It will look really pretty.
Lina	Yay. I'd like to add some marble stones on my index fingers.
	How much will it cost?
Nail Artist	It will be an **additional** 10 dollars.
	Would you like one?
Lina	Yes, please.

go with 선택하다, 어울리다, 받아들이다　**choice** 선택　**add** 추가하다　**marble** 대리석　**marble stone** 마블 스톤　**index finger** 검지　**cost** (값, 비용이) ~이다, 들다　**additional** 추가의

리나	색이 정말 예쁘네요. 신난다.
네일 전문가	오늘 어떤 색으로 하시겠어요?
리나	음… 분홍색으로 할게요.
네일 전문가	좋은 선택이에요. 정말 예쁠 거예요.
리나	맞아요. 검지에는 마블 스톤을 올리고 싶어요. 그건 얼마예요?
네일 전문가	10달러 추가돼요. 추가해드릴까요?
리나	네, 해주세요.

Mission Completed

리나가 어떻게 미션을 달성했는지 보세요.

☑ 원하는 컬러 말하기

Nail Artist **What color would you like for today?**

Lina **Um… I will go with pink.**

네일 샵에 가서 손톱 관리를 받고 손톱 위에 그림도 그리곤 하죠. 이런 걸 우리는 '네일 아트'라고 하는데요. 미국에서는 manicure 또는 nail polish라고 말합니다. '나는 매니큐어를 받을 거예요.'는 I'm going to get a manicure.라고 해요. 내가 원하는 컬러를 고를 때는 go with라는 표현을 사용해요. I will go with pink.라고 하면 '분홍색으로 할게요.'라는 뜻이 되죠. 이렇게 본인이 선택한 컬러를 넣어서 말해보세요. I'll go with blue.(파란색으로 할게요.) 그럼 다른 상황에서도 이 표현을 사용해볼까요? I'll go with the standard room.(스탠더드 룸으로 할게요.) 호텔의 방을 고를 때도 이 표현을 사용할 수 있습니다.

☑ 스톤 추가 가격 물어보기

Lina **I'd like to add some marble stones on my index fingers.**
How much will it cost?

Nail Artist **It will be an additional 10 dollars. Would you like one?**

손톱에 붙일 스톤을 추가하고 싶을 때는 〈I'd like to~〉의 패턴을 써서 I'd like to add some marble stones.라고 말해요. 만약 marble stones 대신에 다른 원하는 디자인이 있으면 바꿔서 말해도 되겠죠. '반짝이'인 glitters를 추가하고 싶으면 I'd like to add some glitters.라고 말하면 돼요. 열 손가락이 아닌 특정한 손가락만 추가하고 싶을 수도 있죠. 예를 들어 검지에 붙이고 싶으면 on my index fingers를 넣으면 됩니다. I'd like to add some marble stones on my index fingers. 가격이 어떻게 되는지 미리 물어보고 싶을 때는 〈How much~?〉를 써서 How much will it cost?라고 말하면 되겠죠.

I'm so excited.

신난다.

형용사 excited는 '신이 난, 들뜬, 흥분한'의 뜻으로 같은 의미의 단어로는 thrilled가 있습니다. 그럼 exciting과 excited의 차이를 알아볼까요? 현재분사 exciting은 '흥분시키는, 신나게 하는'이라는 뜻으로 흥미롭게 하는 것이고, 미래분사 excited는 흥미로워진 것을 말합니다. 좀 더 쉽게 설명하면, I'm exciting.은 '나는 흥미로워.'이고 I'm excited.는 '나는 (무엇에 의해) 흥미로워.'라는 의미가 됩니다.

I was so excited by the news.
나는 그 소식이 흥미로웠어.

We were excited about the holiday.
우리는 그 휴가 때문에 들떴어요.

The kids were excited about eating ice cream.
아이들은 아이스크림을 먹느라 신이 났어요.

I will go with pink.

분홍색으로 할게요.

---

go with는 '선택하다, 어울리다, 받아들이다'라는 다양한 의미를 가지고 있습니다. 여기서처럼 '선택하다'라는 표현은 I will go with pink.라고 하고, '어울리다'라는 표현은 It doesn't go with my jacket.(이건 내 재킷과 어울리지가 않아.)이라고 해요. 마지막으로 '받아들이다'라는 표현으로는 Anna, just go with it.(애나 그냥 받아들여.)이 있습니다.

I will go with a cheeseburger. 나는 치즈버거로 할게요.
We'll go with the gray blanket. 우리는 회색 이불로 할게요.
Will you go with this shirt? 이 셔츠로 하실래요?

I'd like to add some marble stones on my index fingers.

검지에는 마블 스톤을 올리고 싶어요.

5개 손가락의 명칭을 다 알고 있나요? 생각보다 많은 분이 잘 모르더라고요. '엄지'는 thumb, '검지'는 index finger, '중지'는 middle finger, '약지'는 ring finger, '새끼손가락'은 little finger 또는 pinky라고 합니다.

I have a scar on my index finger.	검지에 상처가 났어요.
Put your index finger on the screen.	검지를 스크린 위에 올려놔주세요.
Can you bend your index finger?	검지를 구부릴 수 있나요?

It will be an additional 10 dollars.

10달러 추가돼요.

형용사 additional은 '추가의'라는 뜻으로, 유의어로는 extra가 있어요. 형용사이므로 명사인 10 dollars 앞에 옵니다.

She gave me an additional 20 dollars.
그녀는 20달러를 더 줬어요.
There is an additional hair length fee.
머리 길이 추가 비용이 있어요.
I searched for additional information about the news.
나는 그 뉴스에 관한 추가 자료를 찾아보았어요.

Would you like one?

추가해드릴까요?

〈Would you like~?〉는 '~하시겠어요?'라는 의미로 권유나 제안을 할 때 사용하는 표현입니다. 대화문에서는 앞에서 언급한 내용의 상품을 권유하면서 Would you like one?이라고 말했어요.

Would you like a refill?	리필을 하시겠어요?
Would you like a medium size?	미디움 사이즈로 드릴까요?
Would you like some cocktails?	칵테일을 드릴까요?

Drill 1

학습한 내용을 응용하여 영작해보세요.

1

_____

나는 그 소식이 흥미로웠어.　　　　　　　**보기** the, was, by, I, excited, news, so

2

_____

저는 초콜릿 크림으로 할게요.　　　　　　　**보기** with, cream, will, I, go, chocolate

3

_____

약지에 마블 스톤을 올리고 싶어요.

보기 stones, fingers, like, add, I'd, on, marble, ring, to, some, my

4

_____

그녀는 20달러를 더 줬어요.　　　　　　**보기** an, she, dollars, additional, gave, 20, me

5

_____

리필을 하시겠어요?　　　　　　　　　　**보기** like, would, refill, you, a

Drill 2

영어를 가리고 한국어를 보면서 바로 말할 수 있는지 체크해보세요.

☐ 신난다.	I'm so excited.
☐ 분홍색으로 할게요.	I will go with pink.
☐ 검지에는 마블 스톤을 올리고 싶어요.	I'd like to add some marble stones on my index fingers.
☐ 그건 얼마예요?	How much will it cost?
☐ 10달러 추가돼요.	It will be an additional 10 dollars.
☐ 우리는 회색 이불로 할게요.	We'll go with the gray blanket.
☐ 미디움 사이즈로 드릴까요?	Would you like a medium size?

정답 **1** I was so excited by the news. **2** I will go with chocolate cream. **3** I'd like to add some marble stones on my ring fingers. **4** She gave me an additional 20 dollars. **5** Would you like a refill?

좋아하는 가수 앨범 구매하기

음반 가게에 간 리나.
오늘은 애나 선생님에게서 어떤 미션을 받게 될까요?

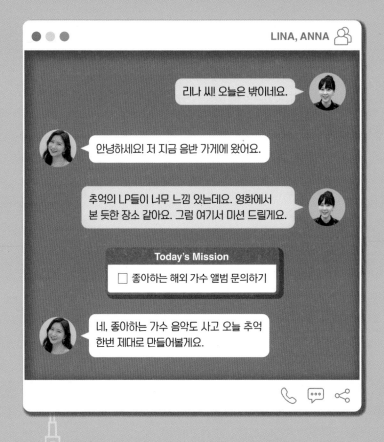

LINA, ANNA

리나 씨! 오늘은 밝이네요.

안녕하세요! 저 지금 음반 가게에 왔어요.

추억의 LP들이 너무 느낌 있는데요. 영화에서 본 듯한 장소 같아요. 그럼 여기서 미션 드릴게요.

Today's Mission
☐ 좋아하는 해외 가수 앨범 문의하기

네, 좋아하는 가수 음악도 사고 오늘 추억 한번 제대로 만들어볼게요.

Lina	Hello.
Owner	Hello, how's it going?
Lina	Wow, good. How are you?
Owner	I'm doing pretty good.
Lina	There are so many LPs here.
Owner	There's a lot. It's actually the oldest record store in Brooklyn.
Lina	Really?
Owner	Yeah. Opened up in 68.
Lina	That's a long time ago. I wasn't even born.
Owner	Hahaha, neither was I.
Lina	Wait, so how long have you been here then?
Owner	About 5 years.
Lina	5 years.
Owner	Yeah. I bought it 2 years ago from my old boss.
Lina	It's great! So, you've been working here before and you just bought it, and now it's yours.
Owner	Now it's mine.
Lina	BAAM. You are the winner.
Owner	Pretty much. Yeah.
Lina	Wow, OK. Do you have the Aretha Franklin's 1960's collection by any chance?
Owner	Uh, I don't know if we have that one, but we have some Aretha inside. So... Come check it out.
Lina	That's great. So... Can I go check it out then?
Owner	Yeah, come on in!
Lina	Yay!

LP 엘피판 **record store** 음반 가게 **open up** (가게, 회사 등을) 열다 **be born** 태어나다 **neither** ~도 마찬가지다, 그렇다 **boss** 상사, 사장 **collection** 컬렉션, 수집품, 소장품 **by any chance** 혹시 **come check ~ out** 들어와서 ~을 확인하다

리나	안녕하세요		서 가게를 샀죠.
사장	안녕하세요, 잘 지내시죠?	리나	멋지네요! 그럼 사기 전에는 여
리나	네, 잘 지내요. 잘 지내시죠?		기서 일하셨던 거고, 이제는 본인
사장	나쁘지 않아요.		거네요.
리나	여기 LP가 정말 많네요.	사장	이제 제 것이죠.
사장	많죠. 사실 여기가 브루클린에서	리나	짠! 승자시네요.
	가장 오래된 음반 가게예요.	사장	거의 뭐 그렇죠.
리나	정말요?	리나	와. 혹시 아레사 프랭클린의 1960
사장	네. 1968년에 오픈했어요.		년도 컬렉션이 있나요?
리나	정말 오래전이네요. 제가 태어나	사장	음, 있는지 잘 모르겠는데 안에
	기도 전이에요.		아레사 음반이 몇 개 있어요.
사장	하하하, 저도요.		들어와서 확인해보세요.
리나	음, 그러면 여기서 얼마나 일하신	리나	좋아요. 그럼… 안에 들어가서 봐
	거예요?		도 될까요?
사장	약 5년 정도요.	사장	네, 들어오세요!
리나	5년 일하셨군요.	리나	예이!
사장	맞아요. 2년 전에 예전 주인한테		

Mission Completed

리나가 어떻게 미션을 달성했는지 보세요.

☑ 좋아하는 해외 가수 앨범 문의하기

Lina **Do you have the Aretha Franklin's 1960's collection by any chance?**

Owner **Uh, I don't know if we have that one, but we have some Aretha inside. So… Come check it out.**

좋아하는 가수의 앨범을 문의하고 싶을 때는 〈Do you have~?〉의 패턴을 사용해서 Do you have the Aretha Franklin's 1960's collection by any chance?라고 말하면 됩니다. by any chance는 '혹시'라는 뜻으로, 여기서 chance는 우리가 아는 '기회'라는 뜻이 아닌 '가능성, 우연'이라는 뜻입니다. 비슷한 표현으로는 〈Do you happen to + 동사~?〉 또는 〈Would you happen to + 동사 ~?〉가 있습니다.

It's actually the oldest record store in Brooklyn.

사실 여기가 브루클린에서 가장 오래된 음반 가게예요.

---

the는 명사에 붙는 것이죠. 그리고 최상급은 그 자체가 '최고'라는 특정한 것이므로 the가 붙습니다. 여기서 the oldest record store는 '가장 오래된 가게'로 the는 사실상 record store에 붙는 것이죠.

보통 형용사의 최상급엔 the가 붙지만 부사의 최상급에는 문법적으로 the가 안 붙습니다. 그래서 형용사 beautiful 앞에는 최상급 the most를 써서 She is the most beautiful girl in the class.라고 하고, 부사 beautifully 앞에는 최상급 most만 써서 She sang most beautifully at the concert.라고 말합니다. 부사 또한 최상급을 쓸 때는 주로 범위를 알려줘야 하므로 in Brooklyn처럼 〈in + 장소 범위(~내에서)〉를 붙여야 한다는 것을 기억하세요.

He is the smartest four-year-old in the world.
그는 전 세계의 네 살 중에서 가장 똑똑한 아이예요.

This is the smallest puppy in this shop.
이 가게에서는 이 강아지가 가장 작아요.

Our store is the best in business in this neighborhood.
우리 가게가 이 동네에서 가장 장사가 잘돼요.

Opened up in 68.

1968년에 오픈했어요.

시간 전치사 in은 '~에'의 뜻으로 주로 큰 시간 개념 앞에 사용되죠. 예를 들어 세기, 연도, 월, 계절, 오전, 오후, 저녁을 나타날 때 사용합니다. Opened up in 68.라고 하면 1968년에 오픈했다는 뜻이에요.

I was born in 1986.
나는 1986년도에 태어났어요.

K-pop became popular in the 90s(nineties).
케이팝은 90년대부터 유명해졌어요.

It often rains here in July.
이곳에서는 보통 7월에 비가 와요.

That's a long time ago. I wasn't even born.

정말 오래전이네요. 제가 태어나기도 전이에요.

부사 even은 예상하고 기대했던 것보다 더한 상황을 말할 때 사용합니다. '심지어, ~조차도'라는 뜻으로 해석하면 돼요. 일반동사와 같이 쓰일 때는 일반동사 앞에 위치해서 Anna even knows how to speak Japanese.(애나는 심지어 일본어도 할 수 있어요.) 또 문장 처음에 사용해서 Even Anna came to this restaurant, and she doesn't like seafood.(애나는 해산물을 좋아하지 않는데도 이 식당에 왔어요.)로도 사용할 수 있습니다.

He didn't even clean his room.	그는 그의 방을 치우지도 않았어요.
It was warm there even in winter.	그곳은 겨울에도 따뜻했어요.

So, you've been working here before and you just bought it, and now it's yours.

그럼 사기 전에는 여기서 일하셨던 거고, 이제는 본인 거네요.

yours는 소유대명사로 '너의 것, 너희들의 것'이라는 의미를 가지고 있어요. 소유격 뒤에는 명사가 올 수 있고, 소유대명사 뒤에는 명사가 올 수 없습니다. It's your bag.에서 your은 소유격이고 It's yours.에서 yours는 소유대명사죠.

This is a gift for you. It's yours.	널 위한 내 선물이야. 너의 것이야.
Is she a friend of yours?	그녀는 당신의 친구예요?

So… Come check it out.

그럼… 안에 들어가서 봐도 될까요?

영어에서는 〈동사 + 동사〉의 형태를 싫어해서 동사들 사이에 and나 or을 넣어서 말해요. 그런데 여기서는 come check로 동사 2개가 붙었네요? 이건 회화에서 흔하게 일어나는 일로, and를 생략한 것입니다. go see a doctor에도 and가 숨어 있다는 사실을 꼭 알아두세요!

Come check if I have done it right.
이리 와서 내가 제대로 했는지 봐주세요.

Come check on me when you get back?
돌아오면 나를 보러 오실래요?

Drill 1

학습한 내용을 응용하여 영작해보세요.

1 ______________________________

사실 뉴욕에서 가장 큰 음반 가게예요.

보기 record, in, it's, biggest, New York, the, store, actually

2 ______________________________

2001년에 오픈했어요.

보기 in, it, up, 2001, opened

3 ______________________________

너를 위한 내 선물이야. 너의 것이야.

보기 for, is, yours, this, you, gift, it's, a

4 ______________________________

혹시 비틀즈의 3집 앨범이 있나요?

보기 album, any, do, chance, have, Beetles', the, by, 3rd, you

5 ______________________________

이리 와서 내가 제대로 했는지 봐주세요.

보기 have, right, come, it, if, check, I, done

Drill 2

영어를 가리고 한국어를 보면서 바로 말할 수 있는지 체크해보세요. 61 02

□ 사실 여기가 브루클린에서 가장 오래된 음반 가게예요.	It's actually the oldest record store in Brooklyn.
□ 1968년에 오픈했어요.	Opened up in 68.
□ 정말 오래전이네요. 제가 태어나기도 전이에요.	That's a long time ago. I wasn't even born.
□ 혹시 아레사 프랭클린의 1960년도 컬렉션이 있나요?	Do you have the Aretha Franklin's 1960's collection by any chance?
□ 들어와서 확인해보세요.	Come check it out.
□ 혹시 이 근처에 괜찮은 카페가 있을까요?	Do you happen to know any good cafes nearby?
□ 그곳은 겨울에도 따뜻했어요.	It was warm there even in winter.

정답 **1** It's actually the biggest record store in New York. **2** It opened up in 2001. **3** This is a gift for you. It's yours. **4** Do you have the Beetles' 3rd album by any chance? **5** Come check if I have done it right.

식사 컴플레인 하기

식당에서 식사를 하다 음식에 문제가 생긴 리나. 라이브 방송을 시작하네요.
자, 리나의 라이브 방송에 들어가볼까요?

Linastagram LIVE ✕

안녕하세요, 여러분.
식당에서 밥을 먹다 보면,
컴플레인을 걸 일도 생기죠.
지금 저도 식당에 왔는데,
음식이 덜 익고,
채소도 너무 없어서
기분이 좀 안 좋아요.

아요 그럼 너무 화나요!

그래요. 저도 미국에서 그런 적이 있었는데 영어로
어떻게 말해야 할지 몰라서 그냥 넘어갔었어요.

이번 기회에 알아놓고 써먹어야 겠어요!

네, 그래서 오늘은 이럴 때 어떻게
대처할지 알려드릴게요.

Today's Mission

☐ 식사 컴플레인 하기

Live Talk

Waiter	Is everything okay?
Lina	Hello. So I think my dish is a little overcooked.
	Um… I also ordered my salad on the side, but there aren't many vegetables.
	You know I come here pretty often, but it's a little different today.
Waiter	I'm sorry. Would you like to replace the dish?
Lina	No. I think I'm done.
	But I just want to let you know because I really enjoy dining here.

dish 음식, 요리, 접시 **a little** 약간, 조금 **pretty** 꽤, 매우 **overcooked** 지나치게 조리한 **replace** 바꾸다, 교체하다, 대신[대체]하다 **done** 다 끝난, 완료된 **dining** 식사, 정찬

웨이터	음식은 괜찮으신가요?
리나	안녕하세요. 음식을 너무 오래 익힌 것 같아요.
	음… 그리고 사이드로 샐러드를 주문했는데, 채소가 얼마 없네요.
	저 여기 자주 오는데, 오늘은 좀 뭔가 다른 것 같아요.
웨이터	죄송합니다. 음식을 새로 바꿔드릴까요?
리나	아니요. 다 먹었어요. 하지만 여기서 식사하는 것을 정말 좋아해서 그냥 말씀드리는 거예요.

Mission Completed

리나가 어떻게 미션을 달성했는지 보세요.

☑ 식사 컴플레인 하기

Lina **So I think my dish is a little overcooked.**

Um… I also ordered my salad on the side, but there aren't many vegetables.

You know I come here pretty often, but it's a little different today.

Waiter **I'm sorry.**

음식에 대해 컴플레인할 때는 완곡하게 I think라고 한 뒤 음식의 상태를 이야기하면 됩니다. 리나는 음식을 너무 익힌 것 같다며 I think my dish is a little overcooked.라고 했네요. 그럼 음식이 탄 것 같다는 이야기를 하고 싶으면? I think my steak is burnt.(스테이크가 탄 것 같아요.)라고 하면 되겠죠. '덜 익힌 것 같아요.'는 This is not cooked enough.라고 말할 수 있습니다.

컴플레인 표현을 몇 가지 더 알아볼까요? This taste isn't what I thought.(제가 생각한 맛이 아니네요!) 너무하다는 생각도 들지만 생각보다 식당에서 많이 듣는 말이라고 하네요. 음식이 늦게 나올 때는? My order hasn't come yet. What happened to my order? How long do we have to wait? 이런 상황을 미리 차단하기 위해서는 처음부터 빨리 해달라고 요청할 수 있겠죠. On the double, please. 이렇게요. 음식이 잘못 나왔을 때는 That's not what I ordered. 음식이 좀 차갑게 느껴진다면 Please warm this dish up! 그리고 단골이라면 I'm a regular here.라고 말하면 됩니다.

I think my dish is a little overcooked.

음식을 너무 오래 익힌 것 같아요.

overcooked는 '지나치게 조리한'이라는 뜻으로 국수, 고기, 익힌 채소 요리 또는 삶은 달걀을 먹을 때 말할 수 있는 컴플레인이겠네요. 이렇게 불만을 말할 때는 최대한 친절하고 정확하게 본인의 불만을 표현하세요. 본 문장과 같이 〈I think~〉(내 생각에 ~인 것 같아.)로 친절하게 표현하면서 my dish is a little overcooked라고 정확하게 말해주면 됩니다.

My noodles are overcooked.
내 국수는 너무 푹 삶겼어요.

I don't want my meat to be overcooked.
고기가 너무 익지 않았으면 좋겠어요.

Don't overcook my vegetable dish.
제 채소 요리를 너무 익히지 마세요.

I also ordered my salad on the side.

그리고 사이드로 샐러드를 주문했는데요.

on the side는 음식을 주문할 때 샐러드나 다른 사이드 메뉴를 본 메뉴와 곁들여 주문하는 것을 말하며, 한국 음식의 반찬과 같은 개념이라고 보면 됩니다. 보통 on the side로 먹는 메뉴로는 샐러드, 빵, 구운 채소, 감자튀김, 통감자 구이 등이 있습니다.

I want my mashed potato on the side.
으깬 감자를 곁들여주세요.

The chef served me some grilled asparagus on the side.
요리사는 곁들여 나오는 요리로 구운 아스파라거스를 내주었어요.

Would you like a salad on the side?
샐러드를 곁들여서 드릴까요?

You know I come here pretty often.

저 여기 자주 오는데요.

often은 '자주'라는 뜻으로 여기서 pretty often이라고 하면 '꽤 자주' 오는 편이라는 뜻이 됩니다. 같은 뜻으로 quite often도 있습니다. I come here quite often.

Do you eat here quite often?
여기서 꽤 자주 식사를 하시나봐요?
He comes here often and gets a haircut.
그는 자주 와서 이발을 해요.
I come here often and eat pasta.
나는 여기 자주 와서 파스타를 먹어요.

Would you like to replace the dish?

음식을 새로 바꿔드릴까요?

'(새것으로) 바꾸다, 교체하다'라는 단어의 replace는 change와 같은 뜻으로 Would you like to replace the dish? 또는 Would you like to change the dish?라고 말할 수 있습니다. dish 대신에 food를 넣어서 말해도 되겠죠. Would you like to change the food?

We will replace the food at once.	음식을 즉시 바꿔드릴게요.
Can you replace the sauce?	소스를 바꿔주실 수 있나요?
I need to replace my car tire.	내 자동차 타이어를 교체해야 해.

I think I'm done.

다 먹었어요.

I'm done은 '다 됐다[했다]'라는 표현으로, 만약 끝나지 않은 상황에서 I'm done!을 외친다면 '됐어!' 혹은 '그만 할래!'의 뜻입니다.

Are you done with your breakfast?
아침 다 먹었니?
I'm not done yet.
다 안 먹었어요.
Would you clean up when you're done eating?
음식을 다 먹었으면 치워주실래요?

1

_____

달걀을 너무 오래 삶은 것 같아요.　　　　　보기 are, think, overcooked, eggs, I, my

2

_____

사이드로 구운 채소를 주문했는데요.

보기 on, ordered, I, the, grilled, my, vegetables, side

3

_____

여기서 꽤 자주 식사를 하시나봐요?　　　　보기 quite, you, here, often, do, eat

4

_____

다 안 먹었어요.　　　　　　　　　　　보기 done, I'm, yet, not

5

_____

음식을 즉시 바꿔드릴게요.　　　보기 food, will, once, we, the, replace, at

Drill 2

영어를 가리고 한국어를 보면서 바로 말할 수 있는지 체크해보세요.　🔊 62 02

☐ 음식을 너무 오래 익힌 것 같아요.	I think my dish is a little overcooked.
☐ 그리고 사이드로 샐러드를 주문했는데요.	I also ordered my salad on the side.
☐ 오늘은 뭔가 좀 다른 것 같아요.	It's a little different today.
☐ 저 여기 자주 오는데요.	You know I come here pretty often.
☐ 음식 새로 바꿔드릴까요?	Would you like to replace the dish?
☐ 다 먹었어요.	I think I'm done.
☐ 내 국수는 너무 푹 삶겼어요.	My noodles are overcooked.

정답　**1** I think my eggs are overcooked. **2** I ordered my grilled vegetables on the side. **3** Do you eat here quite often? **4** I'm not done yet. **5** We will replace the food at once.

이웃과 스몰톡 하기

화창한 날, 길거리에서 이웃을 만난 리나.
오늘은 어떤 미션에 도전할까요?

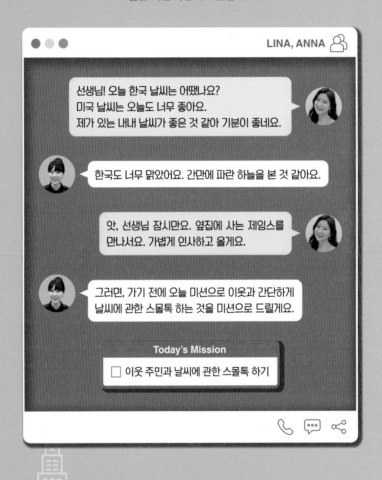

LINA, ANNA

선생님! 오늘 한국 날씨는 어땠나요?
미국 날씨는 오늘도 너무 좋아요.
제가 있는 내내 날씨가 좋은 것 같아 기분이 좋네요.

한국도 너무 맑았어요. 간만에 파란 하늘을 본 것 같아요.

앗, 선생님 잠시만요. 옆집에 사는 제임스를
만나서요. 가볍게 인사하고 올게요.

그러면, 가기 전에 오늘 미션으로 이웃과 간단하게
날씨에 관한 스몰톡 하는 것을 미션으로 드릴게요.

Today's Mission

☐ 이웃 주민과 날씨에 관한 스몰톡 하기

Lina	Hey, James.
James	Hey, Lina. How are you?
Lina	I'm good. How have you been? I haven't seen you for a while.
James	I've been busy recently, but everything is settled down now and I'm good. And I'm just thrilled that I can enjoy this beautiful weather!
Lina	So good to hear that. And yes! The weather has been beautiful these days!
James	Right? This is the best season of the entire year!
Lina	I agree.

settle down 진정되다, 자리가 잡히다, 정착하다   **thrilled** 아주 흥분한, 신나는, (너무 좋아서) 황홀한
these days 요즘에는, 근래에, 오늘날에   **best** 제일 좋은, 최고의, 가장 행복한   **season** 계절, 철, 시기
entire 전체의, 전부의, 온, 모든   **entire year** 1년 내내, 한 해 전체   **agree** 동의하다, 찬성하다, 합의가 되다

리나	안녕하세요, 제임스
제임스	리나, 잘 지냈어?
리나	네. 어떻게 지내세요? 요즘 못 본 것 같아요.
제임스	최근에 바빴는데 이제 다 해결됐고 잘 지내고 있어.
	그리고 이 아름다운 날씨를 즐길 수 있다는 게 그저 행복해!
리나	다행이에요. 그리고 맞아요! 요즘 날씨가 정말 좋죠!
제임스	그렇지? 1년 중 최고의 계절인 것 같아!
리나	맞아요.

Mission Completed

리나가 어떻게 미션을 달성했는지 보세요.

☑ 이웃 주민과 날씨에 관한 스몰톡 하기

Lina   **And yes!** The weather has been beautiful these days!

James   **Right?** This is the best season of the entire year!

스몰톡을 할 때 흔히 대화를 시작하는 소재로 날씨가 있죠. The weather has been beautiful these days!는 요즘 날씨가 계속 좋았다는 표현이에요. 다른 표현도 알아볼까요? '이번 주 내내 날씨 완전 최고였어!' This is the best weather we've had all week! '정말 멋진 날이야!' What a splendid day! 날씨가 계속 좋을 수는 없겠죠. 그럼 날씨가 좋지 않는 경우의 표현도 알아볼까요? 비바람이 심하게 분다면 Nasty weather, isn't it?(고약한 날씨네요, 그렇죠?)이라고 말해보세요.

➕ 나쁜 날씨와 관련된 표현들을 더 알아볼까요?

Why is the weather so bad?   날씨가 왜 이렇게 나쁘지?

Awful weather, isn't it?   끔찍한 날씨네요, 그렇죠?

The weather is really off today.   오늘 날씨 영 아니다.

➕ 좋은 날씨와 관련된 표현들을 더 알아볼까요?

The sky is clear without any clouds.   구름 한 점 없이 맑네요.

Spring is here!   봄이 왔네요!

What a lovely day!   날씨 정말 좋네요!

I haven't seen you for a while.

요즘 못 본 것 같아요.

for a while는 '한동안'이라는 뜻이고 〈have p.p. for a while〉은 '한동안 ~하지 못했다'라는 표현입니다. haven't seen you for a while는 '지난번에 본 후로 한동안 못 봤다'라는 표현이고요. 이와 같은 표현으로 It's been a while. It's been forever. It's been ages. It's been so long. It's been a long time.이 있고 모두 '오랜만이에요.'라는 뜻을 가지고 있습니다.

I have been with him for a while.
나는 그와 한동안 함께 있었어요.

We haven't eaten avocados for a while.
우리는 아보카도를 한동안 못 먹었어요.

They haven't seen the movie for a while.
그들은 한동안 영화를 못 봤어요.

Everything is settled down now and I'm good.

이제 다 해결됐고 잘 지내고 있어.

settle down은 '정착하다, 진정되다, 자리가 잡히다'라는 뜻으로 things settled down now는 '이제 상황이 진정됐다'라는 뜻입니다. It's time for me to settle down and start a family.는 '나도 결혼해서 가정을 꾸릴 때가 온 것 같다.'라는 표현으로 '이제 결혼을 하겠다'는 의미가 있습니다.

Are you going to get married and settle down **this year?**
올해 결혼을 해서 정착할 건가요?

Settle down and listen to me.
흥분을 가라앉히고 제 말을 들어보세요.

I cannot settle down **to my reading.**
조용히 책을 읽을 수가 없어요.

And I'm just thrilled that I can enjoy this beautiful weather!

그리고 이 아름다운 날씨를 즐길 수 있다는 게 그저 행복해!

thrilled는 '아주 흥분한, 신이 난, 황홀해하는'이라는 의미로 excited보다는 좀 더 흥분되고 신이 난 상태를 표현합니다. I'm thrilled to relax in this beautiful weather!(이렇게 좋은 날씨에 휴식을 취할 수 있어서 너무 좋아요!) 다른 표현으로 thrilled to bits가 있는데 '~에 굉장히 황홀해하다'라는 뜻이에요. I'm thrilled to bits!(정말 짜릿해!) I was thrilled to bits when you said "yes."(당신이 '네'라고 해서 나는 정말 황홀했어.)

> **We were thrilled to be invited.**
> 우리는 초대를 받아서 황홀했어요.
>
> **I was thrilled by the news.**
> 나는 그 소식에 정말 신이 났어요.
>
> **He was thrilled to bits when I said "I love you."**
> 내가 '사랑해'라고 하니 그는 아주 흥분했어요.

This is the best season of the entire year!

1년 중 최고의 계절인 것 같아!

season

season은 '계절'이라는 뜻으로 the best season은 '최고의 계절'을 말하죠. 그럼 season 이 들어가는 표현을 더 알아볼까요? the change of seasons 또는 in between seasons 는 '환절기'라는 뜻으로 It's easy to catch a cold during the change of seasons.(환절기에는 감기에 걸리기가 쉬워요.)라고 말할 수 있습니다.

> **August is the peak season.**   8월이 최고 성수기예요.
> **What's your favorite season?**   가장 좋아하는 계절이 뭐예요?

entire

entire은 '전체의, 온'이라는 뜻으로 whole과 같은 의미예요. entire year은 '1년 내내', entire day는 '하루 종일' entire season은 '시즌 내내'라는 표현입니다.

> **I worked an entire day on it.**   나는 그것에 대해 하루 온종일 일했어요.
> **He spent the entire day in bed.**   그는 하루 종일 침대에서 지냈어요.

1
_____

이번 주 중 최고의 날씨인 것 같아요.   보기 the, week, weather, this, we've, all, is, best, had

2
_____

날씨가 왜 이렇게 나쁘지?   보기 so, why, bad, the, is, weather

3
_____

날씨 정말 좋네요!   보기 day, what, lovely, a

4
_____

나는 그와 한동안 함께 있었어요.   보기 him, I, while, been, for, with, have, a

5
_____

8월이 최고 성수기예요.   보기 the, season, August, peak, is

Drill 2   영어를 가리고 한국어를 보면서 바로 말할 수 있는지 체크해보세요. 63 02

☐ 요즘 못 본 것 같아요.	I haven't seen you for a while.
☐ 다 해결됐고 잘 지내고 있어.	Everything is settled down now and I'm good.
☐ 그리고 이 아름다운 날씨를 즐길 수 있다는 게 그저 행복해!	And I'm just thrilled that I can enjoy this beautiful weather!
☐ 요즘 날씨가 정말 좋죠!	The weather has been beautiful these days!
☐ 1년 중 최고의 계절인 것 같아!	This is the best season of the entire year!
☐ 우리는 초대를 받아서 황홀했어요.	We were thrilled to be invited.
☐ 가장 좋아하는 계절이 뭐예요?	What's your favorite season?

정답 **1** This is the best weather we've had all week! **2** Why is the weather so bad? **3** What a lovely day! **4** I have been with him for a while. **5** August is the peak season.

미국 델리 탐방하기

델리에 간식거리 사러 간 리나.
오늘은 애나 선생님으로부터 어떤 미션을 받아 도전할까요?

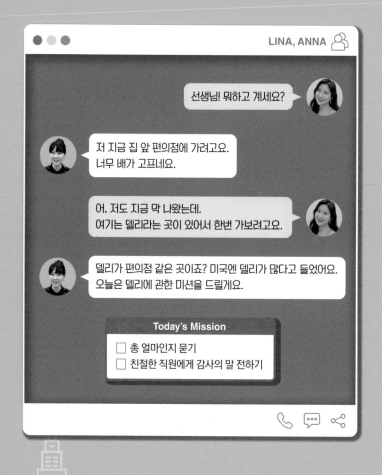

LINA, ANNA

선생님! 뭐하고 계세요?

저 지금 집 앞 편의점에 가려고요.
너무 배가 고프네요.

어, 저도 지금 막 나왔는데.
여기는 델리라는 곳이 있어서 한번 가보려고요.

델리가 편의점 같은 곳이죠? 미국엔 델리가 많다고 들었어요.
오늘은 델리에 관한 미션을 드릴게요.

Today's Mission
- ☐ 총 얼마인지 묻기
- ☐ 친절한 직원에게 감사의 말 전하기

오늘의 대화문을 귀 기울여 들어보세요.

Lina	Hello, how are you?
Employee	All right.
Lina	**Where can I find** the cereal bars?
Employee	Right there.
Lina	Great. Chocolate Crunch. Pop tarts. Here you go. Thank you.
	Oooh! Give me one second. What's this?
Employee	Caramel.
Lina	Caramel? **Can I get** this **as well**?
Employee	Okay, Thank you.
Lina	Thank you. How much is the total?
Employee	4.70.
Lina	4.70. Great. Here you go.
Employee	Thank you. You want to put it in the **bag**?
Lina	Sure. Thank you.
Employee	Okay. Thank you.
Lina	Thank you so much. Great. Thank you.
Employee	You want a straw?
Lina	Straw! Thank you! You are the best. Thank you. Have a good day.
Employee	Thank you, bye

one second 잠깐, 잠시, 1초 동안 **as well** ~도, 또한, 역시 **total** 총, 합계 **put in** ~에 넣다 **bag** 봉투, 봉지, 가방 **straw** 빨대[스트로], 짚[밀짚], 지푸라기

리나	안녕하세요.	직원	4.70달러입니다.
직원	안녕하세요.	리나	4.70달러. 여기 있습니다.
리나	시리얼 바는 어디에 있나요?	직원	감사합니다. 봉투에 담아드릴까요?
직원	저기에 있어요.		
리나	그렇군요. 초콜릿 크런치. 팝 타르트. 여기 있습니다.	리나	네. 감사합니다.
		직원	여기 있습니다.
	아! 잠시만요. 이건 뭐예요?	리나	감사합니다.
직원	캐러멜이에요.	직원	빨대도 드릴까요?
리나	캐러멜이요? 이것도 주시겠어요?	리나	빨대! 감사합니다. 최고세요. 좋은 하루 보내세요.
직원	알겠습니다.	직원	감사합니다.
리나	총 얼마인가요?		

Mission Completed

리나가 어떻게 미션을 달성했는지 보세요.

☑ 총 얼마인지 묻기

Lina **How much is the total?**

Employee **4.70.**

가게에 가서 이것저것 물건을 구입하려면 전체 가격을 물어봐야겠죠? 그럴 땐 How much is the total?이라고 물으면 됩니다. 여기서 total은 명사로 '합계, 총액'을 뜻하고 앞에 the가 붙는 것은 리나가 구입하려고 하는 물건의 총액이기 때문입니다. 다른 표현도 연습해볼까요? '이 초콜릿 크런치가 얼마예요?' How much is this Chocolate crunch? '이 에너지 드링크는 얼마인가요?' How much is the energy drink?

☑ 친절한 직원에게 감사의 말 전하기

Lina **Straws! Thank you! You are the best. Thank you. Have a good day.**

Employee **Thank you, bye**

가게에서 친절했던 직원에게 할 수 있는 말은 인사말에는 무엇이 있을까요? You are the best. 다른 표현으로는? You rock!(짱이에요!) Nothing better than you.(정말 최고예요!)가 있습니다. 좋은 표현이 하나 더 있는데요. You're second to none.(누구보다 제일이에요.)

Where can I find **the cereal bars?**

시리얼 바는 어디에 있나요?

물건이 어디 있는지를 물을 때는 〈Where can I find~?〉 패턴을 사용해서 말해보세요. '아이스크림은 어디에서 찾을 수 있나요?' Where can I find ice cream? 직원이 '없다. 가게에 있는 게 전부다.'라고 말할 수도 있겠죠. 그럴 땐 That's all we have for now.라고 할 거예요. 또 재고가 없으면 I'm sorry, but it's out of stock.이라고 말할 거예요.

Where can I find **dog food?**	개 사료는 어디서 찾을 수 있나요?
Where can I find **cup noodles?**	컵라면은 어디 있나요?
Where can I find **diet cola?**	다이어트 콜라는 어디에 있을까요?

Can I get **this** as well**?**

이것도 주시겠어요?

can I get

〈can I get~?〉은 '~주시겠어요?', '~있나요?'라는 뜻으로 정말 흔히 사용하는 표현입니다. 물건을 하나 달라고 할 때나 사도 될지를 물어볼 때는 Can I get one? 들어가도 될지를 물어볼 때는 Can I get in? 이처럼 다양하게 말할 수 있는 패턴입니다.

Can I get **a discount?**	할인해주시겠어요?
Can I get **it any cheaper?**	좀 더 싸게 안 될까요?
Can I get **you anything?**	뭐 필요한 거 있나요?

as well

as well은 '~도'라는 뜻으로 too나 also와 같은 의미로 쓰여요. 유사한 형태의 as well as는 '~뿐만 아니라'라는 뜻인데, 〈A as well as B〉(B뿐만 아니라 A도)라는 패턴으로 알아두면 이해하기 쉽습니다. We sell magazines as well as newspapers.(우리는 신문뿐만 아니라 잡지도 팔아요.)

Are you coming **as well?**	너도 가는 거니?
Should I bring it to you **as well?**	저도 그것을 가져다드릴까요?
Do you think she'll like it **as well?**	그녀도 좋아할 것 같나요?

How much **is the total?**

총 얼마인가요?

how much는 '얼마, 어느 정도'라는 뜻으로, 주로 물건 가격을 물어볼 때 사용하는 표현이에요. How much is it? How much does it cost?로 말할 수 있습니다. 그럼 물건을 구매할 때 도움이 될 표현을 알아볼까요? 할인된 가격인지 궁금하면 Is it the sale price?라고 물어보면 되고, 원래 이 가격인지가 궁금하다면 Is it the original price?라고 물어보면 됩니다. 또는 How much를 이용하여 How much is the sale price?라고 물어볼 수도 있습니다.

How much **is the single fare?**	편도 요금이 얼마예요?
How much **cash do you have on you?**	현금이 얼마나 있으세요?
How much **money is there in my account?**	내 계좌에 돈이 얼마나 있나요?

You want to put it in the **bag?**

봉투에 담아드릴까요?

여기서 bag은 가방이 아닌 봉투겠죠. 비닐봉투는 plastic bag이라고 하고, 종이봉투는 paper bag이라고 합니다. '비닐봉투에 넣어주시겠어요?'라고 말할 때는 Can you put that in a plastic bag?이라고 말하면 됩니다. 혹시 이 문장에서 이상한 점을 발견하지 않았나요? 분명 질문을 하고 있는데 〈You want to~?〉로 시작하네요. 이것은 구어체에서 짧게 말을 하기 위해서 Do를 생략한 표현입니다. 현지에서 흔히 들을 수 있는 표현이니 미리 알아두어야겠죠? 하지만 말을 할 때는 가능하면 Do you want to put it in the bag?으로 말하는 연습을 하는 게 좋습니다.

I'd like to put it in a paper bag.	종이봉투에 담아 가고 싶은데요.
Would you like a bag?	봉투 드릴까요?
I'll put them in a plastic bag.	제가 비닐봉투에 넣어줄게요.

Drill 1

1

_____

컵라면은 어디 있나요?　　　　　　　　　**보기** find, noodles, where, I, cup, can

2

_____

저 감자칩은 얼마예요?　　　　　　　　　**보기** those, chips, how, are, potato, much

3

_____

껌도 주시겠어요?　　　　　　　　　　　**보기** gum, well, can, as, I, the, get

4

_____

이 시리얼 바는 얼마인가요?　　　　　　　**보기** cereal, much, the, bar, how, is

5

_____

정말 최고예요!　　　　　　　　　　　　**보기** than, nothing, you, better

Drill 2

영어를 가리고 한국어를 보면서 바로 말할 수 있는지 체크해보세요.

☐ 시리얼 바는 어디에 있나요?	Where can I find the cereal bars?
☐ 이것도 주시겠어요?	Can I get this as well?
☐ 총 얼마인가요?	How much is the total?
☐ 봉투에 담아드릴까요?	You want to put it in the bag?
☐ 최고세요.	You are the best.
☐ 개 사료는 어디서 찾을 수 있나요?	Where can I find dog food?
☐ 좀 더 싸게 안 될까요?	Can I get it any cheaper?

정답 **1** Where can I find cup noodles? **2** How much are those potato chips? **3** Can I get the gum as well? **4** How much is the cereal bar? **5** Nothing better than you.

ATM으로 출금하기

은행 현금인출기 앞에 있는 리나. 라이브 방송을 시작하네요.
자, 여러분 리나의 라이브 방송에 들어가볼까요?

Live Talk

Lina

[Enter card. Insert your card.]

Let's see.

[Please enter your PIN.]

[Would you like to do a balance inquiry?] No.

[Select the transaction.] Withdrawal.

[Select account type.] Primary checking.

[Select an option to continue.] 20 dollars.

Great.

enter 넣다, 입력하다   insert 넣다, 삽입하다, 끼우다   balance 잔액, 잔고   inquiry 조회   balance inquiry 잔액 조회   select 선택하다, 고르다   transaction 거래   withdrawal 인출, 출금   account type 계정[계좌] 유형   primary 최초의, 주된[주요한], 기본적인

리나   [카드를 넣으세요. 카드를 삽입하세요.] 보자.

[PIN 번호를 입력해주세요.]

[잔액을 조회하시겠습니까?] 아니요.

[거래 유형을 선택해주세요.] 출금.

[계정 유형을 선택해주세요.] 입출금 계좌.

[계속하시려면 옵션을 선택해주세요.] 20달러. 좋아.

Mission Completed

리나가 어떻게 미션을 달성했는지 보세요.

☑ ATM으로 현금 인출하기(거래 유형 선택하기)

Lina   **[Select the transaction.] Withdrawal.**

인출하려면 제일 먼저 ATM에서 Select the transaction.이라는 문구를 보게 되는데, 이는 '거래 유형을 선택하세요.'라는 뜻으로 인출인지 입금인지 등을 선택하는 거예요. select를 사용해서 다른 표현을 말해볼까요? '아무 번호나 골라봐.' Select any number. '원하는 것을 고르세요.' Select what you want. 또한 Click the transaction.은 컴퓨터로 은행 거래를 하는 경우에 자주 볼 수 있답니다.

➕ 거래 유형을 영어로 알아봅시다.
withdrawal 인출
deposit 예금
fast cash 현금 서비스(fast cash $60: 60달러 현금 서비스)
preferences 우선권
transfer 송금
account balance 잔액 조회

☑ ATM으로 현금 인출하기(현금 인출하기)

Lina   **[Select the transaction.] Withdrawal.**

ATM에서 거래 유형을 '인출'로 선택하기 위해서는 Withdrawal을 누르면 됩니다. 기계가 아닌 은행원에게서 예금을 인출할 때는 어떻게 말해야 할까요? I want to make a withdrawal. (저 예금 인출하고 싶어요.)이라고 하면 돼요. '제 계좌에 400달러를 입금하고 싶어요.'는? '계좌'는 account, '입금'은 deposit이니 I'd like to deposit $400 into my account.라고 말하면 됩니다. 그럼 '계좌이체'는 뭐라고 할까요? transfer라고 해요. I'd like to transfer $400 to this account.라고 말하면 돼요. 별로 어렵지 않죠?

➕ ATM에 문제가 생겼을 경우에 말할 수 있는 표현을 알아볼까요? ATM이 카드를 돌려주지 않을 땐 The ATM ate my debit card.(ATM이 내 신용카드를 먹었어요.)라고 말하면 됩니다.

Please enter your PIN.

PIN 번호를 입력해주세요.

---

enter는 '이름, 숫자, 내용 등을 적어 넣다, 입력하다'라는 뜻으로, enter your PIN이라고 하면 '계좌 비밀번호를 입력하라'는 말입니다.

Please enter your name and date of birth.
이름과 생년월일을 입력하세요.

Please enter your address to receive the delivery.
배송받을 집 주소를 입력하세요.

Please enter the account number.
계좌번호를 입력하세요.

➕ 은행 계좌를 개설하기 위한 기본적인 표현을 알아볼까요?
bank account는 '은행 계좌'로 '은행 계좌를 개설하고 싶습니다.'라고 말하고 싶으면 I'd like to open a bank account (with your bank).라고 해요. 계좌를 개설할 때는 동사 open을 사용하고요. 계좌를 열면 bank account number(은행 계좌번호)가 생기겠죠.

Would you like to do a balance inquiry?

잔액을 조회하시겠습니까?

---

balance는 '잔액'이고 inquiry는 '조회'라는 뜻으로 통장의 잔액 조회를 말합니다. 이와 비슷한 말로는 '은행 계좌 잔고'를 뜻하는 account balance나 bank account balance가 있어요. 그리고 앞에 do를 붙이면 'balance inquiry를 하다'가 되어서 '잔액 조회를 하다'라는 표현이 됩니다.

Would you like to do some shopping?
쇼핑하시겠어요?
Would you like to do a little driving today?
오늘 드라이브 좀 할까요?
I would like to do a test with you.
너와 검사를 좀 하고 싶어.

➕ checking account(자유 입출금 통장)와 savings account(예금 통장)의 차이점을 알아볼까요?
checking account는 돈을 넣고 빼는 횟수나 금액의 크기에 제한이 없고 최소 유지해야 할 금액도 없습니다. 이자도 물론 없지요. 다만 학생의 경우 최소 유지 금액이 있어서, 최소 유지 금액을 지켜줘야 학생 혜택이나 계좌 유지 수수료가 면제됩니다. 그 금액은 은행마다 다릅니다. 한편 saving account는 목돈을 묶어두기 위한 통장입니다. 최소 유지 금액이 존재하고 돈을 넣고 빼는 횟수나 금액의 크기에 제한이 있어서 이자가 붙어요. 사실 유학생에겐 큰 돈을 묶어둘 일도 없고, 예금 계좌에서 이자로 약간의 수익이 발생하면 세금 보고 등 귀찮은 일이 더 많기 때문에 추천하진 않습니다.

Withdrawal.

출금.

ATM에서 Withdrawal를 누르고 난 후 내가 찾을 금액을 누르면 'cash will come in $20s' 라는 문구를 볼 수 있는데요. 이는 만약 내가 100불을 선택했으면 20달러짜리로 5장이 나올 거라는 의미입니다. 그런 후 Would you like a receipt?(영수증이 필요합니까?)라는 문구가 나오면 Yes 나 No를 선택하면 되겠죠.

> **Just click the withdrawal button.**
> 출금이라는 버튼을 클릭하면 돼.
>
> **I'd like to make a withdrawal from my savings account.**
> 내 예금 계좌에서 돈을 찾으려고 합니다.
>
> **Please complete a withdrawal slip and wait.**
> 출금 청구서를 작성하고 기다려주세요.
>
> ➕ 미국에서 생활하다 보면 무언가를 살 때, 예를 들어 휴대폰을 사서 개설할 때도 bank statement (은행 거래 내역서)를 제출하라는 것을 말을 듣곤 하는데요. 이는 이 사람의 은행 통장 잔고에 얼마가 있는지 확인해서 돈을 낼 수 있는지 파악하기 위해 요구하는 것입니다.

Select an option to continue.

계속하시려면 옵션을 선택해주세요.

to continue는 '계속 ~하다'라는 뜻으로, 여기서는 계속 인출 작업을 하려면 인출할 금액을 선택하라는 의미입니다. 리나가 찾은 ATM에서는 10달러 단위로 인출 금액을 선택할 수 있네요. 예를 들어 $10, $20, $30⋯ $100. 다른 액수를 원한다면 Other amount or bill choice를 선택하면 됩니다.

> **I decided to continue studying English.**
> 나는 계속 영어를 공부하기로 결정했어요.
>
> **It's useless for us to continue.**
> 계속 작업해봐야 소용이 없어.
>
> **He wanted to continue working until he was 65.**
> 그는 65세가 될 때까지 계속 일을 하고 싶어 했어요.

Drill 1

학습한 내용을 응용하여 영작해보세요.

1

저 예금 인출하고 싶어요.　　　　　　　　　　보기 a, I, to, withdrawal, want, make

2

계좌번호를 입력하세요.　　　　　　　　　　보기 account, please, the, number, enter

3

은행 계좌를 개설하고 싶습니다.　　　　　　보기 bank, to, I'd, account, a, like, open

4

쇼핑하시겠어요?　　　　　　　　　　　　　보기 some, to, shopping, like, would, do, you

5

내 예금 계좌에서 돈을 찾으려고 합니다.

　　　　　　보기 from, account, make, I'd, withdrawal, savings, like, my, to, a

Drill 2

영어를 가리고 한국어를 보면서 바로 말할 수 있는지 체크해보세요. 65 02

☐ 카드를 삽입하세요.	Insert your card.	
☐ PIN 번호를 입력해주세요.	Please enter your PIN.	
☐ 잔액을 조회하시겠습니까?	Would you like to do a balance inquiry?	
☐ 거래 유형을 선택해주세요. 출금.	Select the transaction. Withdrawal.	
☐ 계정 유형을 선택해주세요. 입출금 계좌.	Select account type. Primary checking.	
☐ 계속하시려면 옵션을 선택해주세요.	Select an option to continue.	
☐ 이름과 생년월일을 입력하세요.	Please enter your name and date of birth.	

 1 I want to make a withdrawal. **2** Please enter the account number. **3** I'd like to open a bank account. **4** Would you like to do some shopping? **5** I'd like to make a withdrawal from my savings account.

골프장 예약하기

집에서 전화로 골프장 예약을 하는 리나. 오늘은 어떤 미션에 도전할까요?

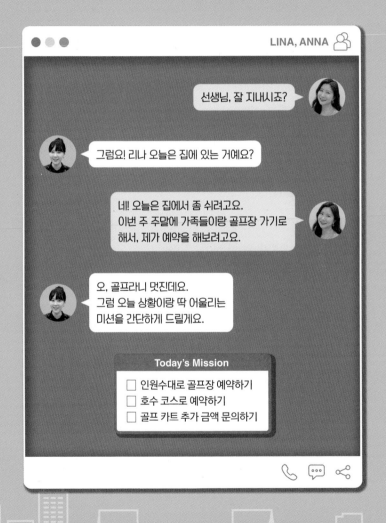

LINA, ANNA

선생님, 잘 지내시죠?

그럼요! 리나 오늘은 집에 있는 거예요?

네! 오늘은 집에서 좀 쉬려고요.
이번 주 주말에 가족들이랑 골프장 가기로
해서, 제가 예약을 해보려고요.

오, 골프라니 멋진데요.
그럼 오늘 상황이랑 딱 어울리는
미션을 간단하게 드릴게요.

Today's Mission
- ☐ 인원수대로 골프장 예약하기
- ☐ 호수 코스로 예약하기
- ☐ 골프 카트 추가 금액 문의하기

Staff	Hello!
Lina	Hi, I'd like to make a reservation for this Saturday.
Staff	For how many people?
Lina	For a group of 5, please.
Staff	Okay, which course would you like for this Saturday?
Lina	Um… course with the lake, please. How much will it cost including 2 golf carts?
Staff	Renting 2 golf carts will be 60 dollars for the day. And the total cost will be 110 dollars.
Lina	Great. Is tax included?
Staff	Yes. Tax is included in the total cost.
Lina	Awesome.

reservation 예약   **make a reservation** 예약하다   **cost** (비용이) ~이다, 들다   **include** 포함하다, ~을 포함시키다   **rent** 대여하다, 빌리다, 임대하다   **total cost** 총 금액   **awesome** 매우 좋은

<table>
<tr><td>직원</td><td>안녕하세요.</td></tr>
<tr><td>리나</td><td>안녕하세요, 이번 주 토요일에 예약하고 싶은데요.</td></tr>
<tr><td>직원</td><td>몇 명 예약하시나요?</td></tr>
<tr><td>리나</td><td>5명 그룹이요.</td></tr>
<tr><td>직원</td><td>네, 이번 주 토요일에 어느 코스를 원하시나요?</td></tr>
<tr><td>리나</td><td>음···. 호수가 있는 코스로 해주세요. 골프 카트 2개 포함해서 얼마인가요?</td></tr>
<tr><td>직원</td><td>골프 카트 2개 대여하시면 하루에 60달러예요. 그래서 총 110달러입니다.</td></tr>
<tr><td>리나</td><td>좋아요. 세금이 포함되어 있나요?</td></tr>
<tr><td>직원</td><td>네. 총 금액에 포함되어 있어요.</td></tr>
<tr><td>리나</td><td>좋습니다.</td></tr>
</table>

Mission Completed

리나가 어떻게 미션을 달성했는지 보세요.

☑ 인원수대로 골프장 예약하기

Lina　**Hi, I'd like to make a reservation for this Saturday.**

Staff　**For how many people?**

Lina　**For a group of 5, please.**

몇 명이 플레이를 할 건지 인원수를 얘기할 때는 For group of 5, please.라고 말하면 됩니다. 이 표현을 잘못 해석해서 '5개 그룹'이라고 하면 안 되겠죠. '한 그룹이 5명'이라는 뜻이에요.

☑ 호수 코스로 예약하기

Staff　**Which course would you like for this Saturday?**

Lina　**Um... course with the lake, please.**

골프장에 가면 9홀씩 코스별로 나뉘어 있어서 원하는 코스로 예약할 수도 있어요. 그래서 리나가 Course with the lake, please.라고 말했죠. 아니면 I'll take the lake course.라고 말해도 됩니다. 숲속에 있는 코스를 원한다면 I'll take the forest course.라고 하면 되겠네요.

☑ 골프 카트 추가 금액 문의하기

Lina　**How much will it cost including 2 golf carts?**

Staff　**Renting 2 golf carts will be 60 dollars for the day.**
　　　And the total cost will be 110 dollars.

인원이 5명이라 골프 카트를 1개 더 추가해서 금액을 묻는 거네요. How much will it cost including 2 golf carts?라고 말하면 되죠. 또는 How much is the cart fee?(카트 가격이 어떻게 되나요?)라고 물어도 돼요. cart 대신에 buggy(버기)를 넣어도 돼요.

I'd like to make a reservation for this Saturday.

이번 주 토요일에 예약하고 싶은데요.

'예약하다'라는 뜻의 make a reservation은 호텔 방이나 식당을 예약할 때 자주 사용하는 표현이죠. 그럼 '골프장을 예약하다'를 다른 표현으로 말해볼까요? I would like to book a tee time.(첫 타구 시간을 예약하고 싶은데요.)

I'll call the golf club and make a reservation.
골프장에 전화해서 예약을 할게요.

Can I make a reservation for this Sunday?
이번 주 일요일에 예약 가능한가요?

I'd like to make a reservation for four for 9 a.m.
오전 9시에 4명으로 예약해주세요.

➕ '골프를 치다, 필드에 나가다'는 play golf라는 표현을 사용합니다. '골프 칠 줄 아세요?' Do you play golf? 또한 골프에서 18홀 코스를 한 바퀴 도는 것을 round라고 해서 I'd like to book a round.(골프 한 라운드를 예약하고 싶은데요.)가 됩니다. 스크린 골프는 golf simulator라고 해서 I enjoy a golf simulator at the indoor golf center.라고 표현할 수 있습니다.

For a group of 5, please.

5명 그룹이요.

보통 골프는 4명이 한 조를 이루므로 A foursome, including me.(저를 포함해서 4명입니다.)라고 말하면 되겠죠. 또한 2인조는 twosome, 3인조 threesome으로, 숫자 뒤에 some을 붙이면 됩니다. 만약 4인조로 3팀을 예약하고 싶다면 It'll be three foursome.이라고 말하면 됩니다.

I'm going to play golf as a group of four.
4명 그룹으로 골프를 칠 겁니다.

We'll go on a trip as a group of six.
우리는 6명 그룹으로 여행을 갈 겁니다.

For a group of 10, please.
10명 그룹이에요.

Course with the lake, please.

호수가 있는 코스로 해주세요.

골프장은 9홀씩 course(코스)로 이루어진다고 했죠. 이렇게 직원이 골프 코스 종류를 말한 후 어느 코스를 원하는지를 물을 때는 We have the forest and the lake course. Which course would you like to take?라고 해요. 이럴 때 대화문과 같이 Course with the lake, please.라고 말할 수도 있고, The lake course, please. 또는 I'll take the lake course. 라고 말할 수도 있어요. course는 '코스'라는 뜻도 있지만 '수업, 교육과정'을 뜻하기도 해서, I took an art course last semester.(나는 지난 학기에 미술 수업을 들었어.) I completed my teacher training course.(나는 교사 연수 과정을 마쳤어요.)라고 표현할 수 있습니다.

Which golf course do you want to take first?
어느 골프 코스를 먼저 이용하실래요?

This course is really difficult.
이번 코스는 정말 어렵네요.

We are divided into four courses.
저희는 4개의 코스로 나뉘어 있습니다.

➕ 골프 관련된 표현들을 알아볼까요?

How much is the green fee?	골프장 이용 요금이 얼마인가요?
What about a golf game this weekend?	주말에 골프 한번 치러 갈래요?
What do you usually hit in a round?	보통 얼마 정도 치세요?
That was a long drive.	장타네요!

Tax is included in the total cost.

세금은 총 금액에 포함되어 있어요.

be included in은 '~에 포함되다'라는 뜻으로 여기에서는 tax(세금)가 the total cost(총 금액)에 포함되었다는 표현이에요. 미국 식당에 가면 점원에게 팁을 준다고는 하지만, 혹시 총 금액에 팁이 포함되는지 묻고 싶다면 Is the tip included in the total cost?라고 하면 됩니다.

What's included in the service?
그 서비스에 뭐가 포함되어 있는 건가요?

Tax is not included in the price.
가격에 세금이 포함되지 않습니다.

Twelve shopping items are included in the list.
그 리스트에 12가지의 쇼핑 목록이 포함되어 있어요.

Drill 1

학습한 내용을 응용하여 영작해보세요.

1

이번 주 일요일에 예약 가능한가요? **보기** this, make, Sunday, can, for, a, I, reservation

2

저를 포함해서 4명입니다. **보기** me, a, including, foursome

3

숲속에 있는 코스로 해주세요. **보기** with, please, course, the, forest

4

골프 카트 3개 포함해서 얼마인가요?

보기 golf, much, cost, carts, how, it, including, will, 3

5

10명 그룹이에요. **보기** of, 10, for, a, please, group

Drill 2

영어를 가리고 한국어를 보면서 바로 말할 수 있는지 체크해보세요. 🔊 66 02

☐ 이번 주 토요일에 예약하고 싶은데요.	I'd like to make a reservation for this Saturday.
☐ 몇 명 예약하시나요?	For how many people?
☐ 5명 그룹이요.	For a group of 5, please.
☐ 이번 주 토요일에 어느 코스를 원하시나요?	Which course would you like for this Saturday?
☐ 호수가 있는 코스로 해주세요.	Course with the lake, please.
☐ 골프 카트 2개 포함해서 얼마인가요?	How much will it cost including 2 golf carts?
☐ 골프장에 전화해서 예약을 할게요.	I'll call the golf club and make a reservation.

 1 Can I make a reservation for this Sunday? **2** A foursome, including me. **3** Course with the forest, please. **4** How much will it cost including 3 golf carts? **5** For a group of 10, please.

로드트립 렌터카 빌리기

렌터카 센터에 간 리나. 오늘은 애나 선생님으로부터 어떤 미션을 받아 도전할까요?

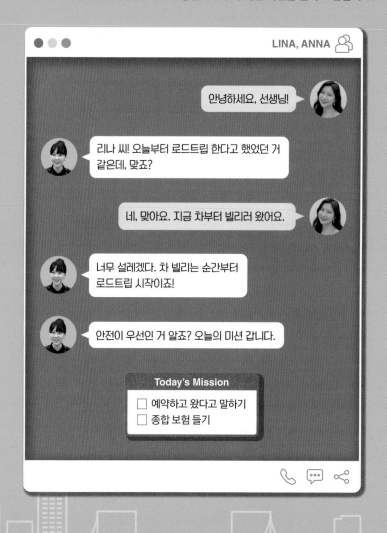

Live Talk

Lina	Hello. I made a reservation online for 9:00 a.m.
Employee	Hi, just give me a second… What's your name, please?
Lina	Lina Lee. I'm renting a white sedan. Here's the confirmation number if you need.
Employee	No worries. Lina Lee… I just need your driver's license and would you like basic insurance or would you like full coverage on your rental?
Lina	Here's my driver's license and yes. I'll go with the full-coverage insurance, please.
Employee	No problem. Let me get a photocopy of your license and you'll be good to go.
Lina	Thank you! I appreciate it!

sedan 세단(세단형 자동차), 승용차 **confirmation number** 예약 확인 번호 **driver's license** 운전면허증 **basic insurance** 기본 보험 **full coverage** 종합 보험(=full coverage insurance) **rental** 임차, 대여(료) **photocopy** 복사, 복사하다

리나	안녕하세요. 온라인으로 오전 9시 예약했는데요.
직원	안녕하세요, 잠시만 기다려주세요. 성함이 어떻게 되시나요?
리나	리나 리요. 흰색 세단을 렌트하기로 했는데요.
	필요하시면 이게 예약 확인 번호예요.
직원	괜찮습니다. 리나 리… 운전면허증만 필요해요.
	그리고 렌트하실 때 기본 보험으로 하시겠어요, 아니면 종합 보험으로
	하시겠어요?
리나	여기 제 운전면허증이고요, 네. 종합 보험으로 해주세요.
직원	알겠습니다. 면허증 복사 좀 할게요. 그리고 바로 출발하시면 됩니다.
리나	감사합니다.

Mission Completed

리나가 어떻게 미션을 달성했는지 보세요.

☑ 예약하고 왔다고 말하기

Lina **Hello. I made a reservation online for 9:00 a.m.**

Employee **Hi, just give me a second… What's your name, please?**

Lina **Lina Lee.**

온라인으로 예약을 하고 왔다고 표현할 때는 I made a reservation online.이라고 말하면 되고, 구체적인 예약 시간까지 말하려면 for 9:00 a.m.(오전 9시)이라고 하면 됩니다. 구체적으로 어떤 차종을 예약했는지 말해보면 I made a reservation for renting a white SUV.(흰색 SUV 차량을 예약했는데요.) '지난 달에'를 추가하면 I made a reservation for a white SUV a month ago.라고 할 수 있어요. for를 넣고 그 뒤에 빌리는 목적을 넣어서 말하면 I booked a minivan for a family vacation.(가족 여행을 위해 미니밴을 예약했어요.)

☑ 종합 보험 들기

Lina **Here's my driver's license and yes.**

I'll go with the full-coverage insurance, please.

Employee **No problem.**

종합 보험은 full-coverage insurance라고 하고 '종합 보험으로 들게요.'는 I'll go with the full-coverage insurance, please.라고 합니다. 여기서 go with는 '고르다, 선택하다'라는 뜻으로, 여기서는 종합 보험으로 선택한 상태이기 때문에 이 표현을 사용했습니다.

Hi, just give me a second.

잠시만 기다려주세요.

직역을 하면 '1초만 주세요.'인 give me a second는 '잠깐만, 잠시만'이라는 의미입니다. 회화에서는 줄여서 Give me a sec.이라고도 말해요. 이 표현과 유사한 표현으로는 Hang on a minute.이나 One sec. 혹은 Just a sec.이 있습니다.

Would you give me a second, **please?**
잠시만 기다려주시겠어요?

Please give me a second **to think about this.**
잠시 이것에 대해 생각할 시간을 주세요.

Can you give me a second, **please?**
잠깐만 기다려줄래요?

I'm renting a white sedan.

세단을 렌트하기로 했는데요.

sedan은 '세단형 자동차'로 보통의 상자형 승용차를 말해요. 그 외의 차종을 보면 SUV(sport utility vehicle), van(뒷부분에 지붕이 덮인 화물차), minivan(미니밴), a compact car(소형차), a mid-size car(중형차), a convertible car(오픈카) 등이 있죠. 그럼 앞의 차종으로 문장을 만들어볼까요? I'm renting a SUV for an family road trip.(가족과의 로드트립 때문에 SUV를 렌트할 거예요.)

I'm going to buy a sedan **this time.**　　　이번에는 세단으로 살 거예요.

I'd like to rent a sedan **for three days.**　　세단으로 3일간 렌트하고 싶어요.

He drives a red sedan.　　　　　　　　그는 빨간색 세단을 몰고 다녀요.

➕ 동사 rent에 대해 알아볼까요? rent는 '세내다, 빌리다'라는 뜻으로 He rented a room.(그는 방 하나를 세 들어 있어요.) I rented a car for the week.(나는 한 주 동안 자동차를 한 대 빌렸어요.)와 같이 쓰입니다.

I just need your driver's license.

운전면허증만 필요해요.

'운전면허증'을 driver's license라고 합니다. 국제 운전면허증은 international driver's license라고 하죠. 미국은 연방국가라서 주마다 법이 다르게 적용되기 때문에 운전면허증을 발급한 곳을 구분합니다. 그래서 California state driver's license(캘리포니아주 운전면허증), Washington State driver's license(워싱턴주 운전면허증) 등으로 말해요.

My driver's license expires in October. 내 운전면허증은 10월에 만기가 돼요.
I passed my driver's license test. 나는 운전면허 시험에 합격했어요.

I'll go with the full-coverage insurance, please.

종합 보험으로 해주세요.

full-coverage insurance, full coverage, full insurance coverage는 다 '종합 보험'이라는 뜻으로, I'd like full insurance coverage.라고 하면 '종합보험으로 들게요.'가 됩니다. 종합 보험이 아닌 일반 보험은 regular insurance라고 해서 Regular insurance is enough.(일반 보험이면 충분해요.)로 말할 수 있어요.

We'll take full-coverage insurance. 우리는 종합 보험으로 할게요.
Do you have full-coverage insurance? 종합 보험 있으세요?

You'll be good to go.

바로 출발하시면 됩니다.

'준비가 되다'라는 뜻의 be good to go는 어떤 일을 마치고 '준비가 다 끝났어.'라고 표현할 때 씁니다.

You'll be good to go by tomorrow. 내일까지 가면 될 거야.
I'll be good to go in about three days. 3일 정도 후에 가면 되겠네요.
You'll be good to go from here. 여기서부터 가시면 괜찮을 거예요.

학습한 내용을 응용하여 영작해보세요.

1

온라인으로 오후 1시에 예약했는데요.　　보기 online, I, 1 p.m., reservation, a, for, made

2

검은색 중형차를 렌트하기로 했는데요.　　보기 renting, mid-size, I'm, a, car, black

3

기본 보험으로 해주세요.　　보기 please, go, the, insurance, I'll, with, basic

4

차를 렌트하려면 운전면허증이 있어야 해요.

보기 have, a, you, rent, car, license, should, to, a, driver's

5

잠시만 기다려주시겠어요?　　보기 second, you, please, would, a, me, give

Drill 2

영어를 가리고 한국어를 보면서 바로 말할 수 있는지 체크해보세요.　 67 02

☐ 온라인으로 오전 9시에 예약했는데요.	I made a reservation online for 9:00 a.m.
☐ 잠시만 기다려주세요.	Just give me a second.
☐ 흰색 세단을 렌트하기로 했는데요.	I'm renting a white sedan.
☐ 렌트하실 때 종합 보험으로 하시겠어요?	Would you like full coverage on your rental?
☐ 종합 보험으로 해주세요.	I'll go with the full-coverage insurance, please.
☐ 바로 출발하시면 됩니다.	You'll be good to go.
☐ 세단으로 3일간 렌트하고 싶어요.	I'd like to rent a sedan for three days.

 1 I made a reservation online for 1 p.m. **2** I'm renting a black mid-size car. **3** I'll go with the basic insurance, please. **4** You should have a driver's license to rent a car. **5** Would you give me a second, please?

68

로드트립을 위한 물품 장보기

로드트립을 떠나기 전 마트에 간 리나.
오늘은 어떤 미션에 도전할까요?

Lina	Hello, sir. Do you guys have any large water bottles?
Staff	Yeah. It's around that corner on the right, next to the soda section.
Lina	Oh, thank you. Oh, also I'm looking for an emergency kit.
Staff	I'm sorry, we don't have those here. You could find it at the pharmacy next door.
Lina	Oh, thank you.
	Oh, could you actually double bag these? The water is too heavy.
Staff	Sure, no problem.
Lina	Thank you.

around that corner 모퉁이를 돈 곳에 **next to** 바로 옆에, 다음의 **section** 섹션, 구간, 구획, 부분
look for 찾다 **emergency kit** 응급 키트, 구급 상자 **pharmacy** 약국 **double** 이중으로 하다

...

리나	안녕하세요. 큰 병에 담긴 물 있나요?
직원	네. 오른쪽 코너 돌아서 탄산 음료 코너 옆에 있어요.
리나	감사합니다. 아, 응급 키트도 찾고 있는데요.
직원	죄송해요, 저희 그건 없어요. 옆에 약국에서 찾을 수 있을 거예요.
리나	아, 감사합니다.
	봉투를 이중으로 담아 주실 수 있나요? 물이 너무 무거워서요.
직원	물론이죠.
리나	감사합니다.

Mission Completed

리나가 어떻게 미션을 달성했는지 보세요.

☑ 큰 병에 든 생수 구입하기

Lina **Hello, sir. Do you guys have any large water bottles?**

Staff **Yeah. It's around that corner on the right, next to the soda section.**

큰 병에 든 생수를 구입하려면 Do you guys have any large water bottles?라고 하면 됩니다. 그럼 작은 병에 든 일반 생수는 어떻게 말할까요? Do you have any bottled water? 탄산수를 구입하고 싶을 때는 Do you have any sparkling water?라고 말할 수 있습니다.

☑ 응급 키트 구입하기

Lina **Oh, thank you. Oh, also I'm looking for an emergency kit.**

Staff **I'm sorry, we don't have those here.**

응급 키트를 문의할 때는 I'm looking for을 써서 I'm looking for an emergency kit.라고 하면 되겠죠. 아니면 Do you have an emergency kit?라고 말하면 됩니다. 응급 키트는 emergency kit라고도 하고 first-aid kit(구급 상자)라고도 하니 알아두세요.

☑ 봉투 2개 요청하기

Lina **Oh, could you actually double bag these? The water is too heavy.**

Staff **Sure, no problem.**

생수 병이 무거워서 봉투가 찢어질까봐 봉투를 이중으로 담아달라고 요청할 때는 Could you double bag this?라고 하면 돼요. '종이봉투를 이중으로 해서 와인을 담아주시겠어요?'는 Could you double the paper bag and put the wine in?이라고 말할 수 있습니다.

Do you guys have any large water bottles?

큰 병에 담긴 물 있나요?

'약간의'라는 뜻을 나타내는 any는 부정문이나 의문문에 사용할 수 있어요. 하지만 평서문에 쓰일 때가 있습니다. 바로 제약이 없을 때죠. 문장으로 알아볼까요? You can call me anytime.(언제든 전화해.), We can go anywhere.(우린 어디든 갈 수 있어.)

Is there any cheese?   치즈가 있나요?
There aren't any snacks in the car.   차에는 간식거리가 하나도 없어요.

It's around that corner on the right, next to the soda section.

오른쪽 코너 돌아서 탄산 음료 코너 옆에 있어요.

정확한 위치를 말할 때는 the가 함께 쓰입니다. 예를 들어 on the right(오른쪽에), at the bottom of(~의 바닥에), at the end of(~의 마지막에), at the top of(~의 꼭대기에), in the middle of(~의 가운데에)와 같이 정확한 위치를 나타낼 때 사용할 수 있어요.

There is a cat at the top of the tree.   고양이가 나무 꼭대기에 있어요.
The building is on the right.   그 건물이 오른쪽에 있어요.

I'm looking for an emergency kit.

응급 키트를 찾고 있는데요.

'찾다' 하면 생각나는 것은 find라는 단어예요. 하지만 find는 찾은 상태를 이야기할 때 쓰는 표현으로 대부분 I found it!(찾았다!)라고 할 때 과거형으로 사용해요. 내가 찾고 있는 과정을 이야기할 때는 look for를 사용합니다. '나 일자리 찾고 있어.' I'm looking for jobs.

Can you help me look for my dog?   내 강아지 찾는 것을 좀 도와줄래요?
We're looking for tissue.   우리는 티슈를 찾고 있어요.

We don't have those here.

저희 그건 없어요.

this는 가까이 있는 것을 말하고 that은 멀리 있는 것을 지칭해요. this의 복수형은 these이고 that의 복수형은 those입니다. 가까이에 있는 하나의 컵을 이야기한다면 This cup is black. 가까이에 있는 여러 개의 컵을 이야기한다면, These cups are black. 멀리 있는 하나의 사과를 이야기한다면 That apple tastes good. 멀리 있는 여러 개의 사과를 이야기한다면 Those apples taste good.

Those are for adults.	성인용입니다.
Are those your gloves?	너의 장갑이니?

Could you actually double bag these?

봉투를 이중으로 담아주실 수 있나요?

could

could와 같이 대부분의 조동사의 과거형은 정중한 표현이 되죠. 쉽게 생각해보면, 좀 친분이 있는 사람에겐 can을 사용해서 문장을 만들 수 있지만 시제를 하나 미룬 과거로 사용한다면 시간이 뒤쳐진 만큼 사람과의 거리감도 멀어지는 느낌을 주는 거죠. 그래서 정중한 표현으로 분류가 되는 것입니다. 따라서 확신이 없을 땐 과거형을 쓰기도 하죠.

Could you please wrap this for me?	이것을 포장해주실 수 있나요?
Could you take me to my house?	우리 집까지 바래다주실 수 있나요?
Could you give me the bill, please?	계산서 주실래요?

double bag

여기서 double bag은 '봉투를 이중으로 하다' 또는 '두 겹으로 하다'라는 뜻입니다. 이 표현을 잘못 말해서 two bags라고 하면 봉지를 2개 줄 수도 있어요. 그러니 double bag은 '두 겹'이나 '이중'을 뜻한다는 것을 알아두세요. 그럼 double tap은 뭘까요? 그렇죠! '2번 연속으로 친다'라는 뜻이죠. double click은 '클릭을 연속으로 2번 한다'는 거고요.

You need to double bag these.	이것을 이중으로 담아야 해요.
Would you like a double bag?	봉투를 이중으로 담아드릴까요?
Should I double bag it?	봉지를 두 겹으로 싸드릴까요?

1

생수 있나요?　　　　　　　　　　　　　　보기 any, water, you, bottled, have, do

2

응급 키트가 있나요?　　　　　　　　　　　보기 kit, you, an, have, emergency, do

3

그 건물이 오른쪽에 있어요.　　　　　　　　보기 right, on, the, building, the, is

4

나는 물을 사지 않았어요.　　　　　　　　　보기 water, didn't, any, I, buy

5

봉지를 두 겹으로 싸드릴까요?　　　　　　　보기 bag, should, it, I, double

☐ 큰 병에 담긴 물 있나요?	Do you guys have any large water bottles?
☐ 오른쪽 코너 돌아서 있어요.	It's around that corner on the right.
☐ 응급 키트를 찾고 있는데요.	I'm looking for an emergency kit.
☐ 저희 그건 없어요.	We don't have those here.
☐ 두 번 담아주실 수 있나요?	Could you actually double bag these?
☐ 차에는 간식거리가 하나도 없어요.	There aren't any snacks in the car.
☐ 우리는 티슈를 찾고 있어요.	We're looking for tissue.

정답 **1** Do you have any bottled water? **2** Do you have an emergency kit? **3** The building is on the right. **4** I didn't buy any water. **5** Should I double bag it?

숙박 공유 사이트로 집 빌리기

리나가 집에서 컴퓨터 앞에 앉았네요. 오늘은 무엇을 하려고 하는지 궁금한데요.
자, 그럼 리나의 라이브 방송에 들어가볼까요?

Linastagram LIVE ✕

안녕하세요, 여러분.
저 드디어 로드트립을
가려고 한답니다.
그래서 지금 에어비앤비로
숙소 예약하고
호스트에게 저를 소개하는
메일도 보내보려고 해요.

진짜 용감하시다! 부러워요!

와우! 로드트립…!

내 버킷리스트예요!
에어비앤비로 가는 것도 방법이네요.

리나가 자기 소개하는 글을
잘 쓸지 오늘의 미션 드립니다!

Today's Mission

☐ 호스트에게 예약하고 싶은 날짜 말하기
☐ 이른 체크인이 가능한지 물어보기

Live Talk

Lina Hello. My name is Lina Lee.

I'd like to book your place on May 31st.

Your place looks amazing.

And I was wondering if I can do the early

check-in, since I'm expecting to arrive there a

bit early. Thank you.

book 예약하다 **place** 집, 장소, 곳 **wonder if** ~여부를 궁금해하다 **check-in** 체크인[숙박 수속], 탑승
수속 **since** 왜냐하면 **expect** 예상하다 **a bit early** 조금 일찍

리나 안녕하세요. 제 이름은 리나 리입니다.

5월 31일에 예약하고 싶습니다.

집이 너무 멋지네요.

그리고 조금 일찍 도착할 것 같아서 이른 체크인이 가능할지 궁금합니다. 감사합니다.

Mission Completed

리나가 어떻게 미션을 달성했는지 보세요.

☑ 호스트에게 예약하고 싶은 날짜 말하기

Lina **Hello. My name is Lina Lee.**

I'd like to book your place on May 31st.

호스트에게 이메일로 예약하고 싶은 날짜를 말할 때는 I'd like to book your place on May 31st.라고 말하죠. 그렇다면 이 문장에서 〈I'd like to~〉의 패턴을 이용한 다양한 표현을 알아볼까요?

'두 사람을 위한 싱글 룸'을 목적어 자리에 넣어 말해봅시다. I'd like to book a single room for two people. 이렇게 단어만 바꾸면 숙박뿐만 아니라 항공권 예약할 때도 사용할 수 있어요. '뉴욕으로 가는 비행기표 예매하고 싶습니다.' I'd like to book a flight to New York. 더 길게 말해볼까요? '8월 31일에 LA로 가는 기차표를 예약하고 싶어요.' I'd like to book a train ticket to LA on August 31st.

☑ 이른 체크인이 가능한지 물어보기

Lina **I was wondering if I can do the early check-in,**

since I'm expecting to arrive there a bit early.

보통 체크인 시간이 오후 1~3시 사이라는 것을 감안할 때 리나가 오전에 체크인하는 것을 원하는 것 같네요. 이렇게 이른 체크인이 가능한지를 물을 때는 I was wondering if I can do the early check-in.이라고 말하면 됩니다.

〈I was wondering if~〉의 패턴을 이용해 '늦은 체크아웃'으로 바꿔 물어볼까요? I was wondering if I can do the late check-out. 숙소가 너무 좋아서 하루 더 묵고 싶을 수도 있죠. 그럴 때는 이렇게 말해보세요. I was wondering if I can stay one more day. 호텔이나 숙소에서 어메니티 좀 달라고 할 수도 있겠죠. I was wondering if I can use amenities. 이렇게 말하면 됩니다.

I'd like to book your place on May 31st.

5월 31일에 예약하고 싶습니다.

날짜를 말할 때는 서수로 하죠. 예를 들어 first(1일), second(2일), third(3일), twenty first(21일), twenty second(22일)라고 말합니다. 그리고 날짜를 말할 때는 전치사 on(~에)을 날짜 앞에 붙여서 〈on + 날짜〉의 패턴으로 on June 30th(6월 30일)라고 해요. 또한 특정한 날 앞에도 on을 붙여서 on my birthday(내 생일에), on Christmas day(크리스마스 날에), on my day off(내가 쉬는 날에)라고 말해요.

I'll arrive there on February 26th.
거기에 2월 26일에 도착할 예정이에요.

My summer vacation starts on August 2nd.
나의 여름 휴가는 8월 2일부터입니다.

I'm going to check out on November 9th.
나는 11월 9일에 체크아웃할 겁니다.

I was wondering if I can do the early check-in.

이른 체크인이 가능할지 궁금합니다.

I was wondering if
〈I was wondering if~〉는 '~한지 궁금해서요, ~할까 해서요'라는 의미로 궁금함뿐만 아니라 상대방의 의향을 물을 때도 사용합니다. I'm wondering과 I was wondering은 의미 차이는 딱히 없으니 둘 중 하나를 사용하면 돼요. 더 공손한 표현을 만들고 싶다면 I was wondering If you could로 문장을 만들면 존댓말처럼 느껴져요. I was wondering if you could do me a favor?(부탁 하나만 해도 될까요?) I was wondering if you could let me know where the restaurant is?(레스토랑이 어디인지 알려주실 수 있나요?)

I was wondering if I could ask you a favor.
부탁 하나 할 수 있을까요.

I was wondering if you could help me pick out a new jacket.
새 재킷을 고르는 데 도와주실 수 있나요.

I was wondering if you'd like to go out with me.
혹시 저랑 사귈 생각이 있으신가요.

early check-in

early check-in은 이른 시간에 체크인을 하는 것이고 late check-out은 늦게 체크아웃을 하는 것을 말합니다.

I'd like to know if I can do the early check-in.
이른 체크인을 할 수 있는지 알고 싶어요.

Could you check with your manager if I could do the early check-in?
조기 체크인을 할 수 있는지 당신 매니저에게 알아봐줄 수 있나요?

Since I'm expecting to arrive there a bit early.

조금 일찍 도착할 것 같아서요.

접속사 since는 '~이래로, ~때문에'라는 뜻을 가지고 있어요. '~때문에'라는 뜻은 because 와 같은 의미로, 여기서 쓰인 since가 이 경우입니다. 이때는 원인과 결과로 문장을 만듭니다. I came here late since I went to bed three in the morning.(새벽 3시에 자서 늦게 왔어요.)

We need more bedding since one person was added.
한 명이 추가되었으니 침구가 더 필요해요.

Since it's so comfortable here I want to stay one more day.
여기가 너무 편해서 하루 더 있고 싶어요.

Thank you.

감사합니다.

리나는 이메일의 마지막 인사말로 Thank you.를 썼네요. 이메일에 또 어떤 표현을 쓸 수 있을까요? Looking forward to your reply. Thank you.(답변을 기다리겠습니다. 감사합니다.) 도 넣어주면 좋겠죠. 〈looking forward to + 명사〉의 패턴으로 to 다음에 동사원형이 아니라 명사를 넣어야 한다는 걸 꼭 알아두세요!

I hope to hear from you soon. Thank you.
빠른 답변을 기다립니다. 감사합니다.

I look forward to hearing from you. Thank you.
연락 기다리겠습니다. 감사합니다.

Drill 1

학습한 내용을 응용하여 영작해보세요.

1

_____

9월 17일에 예약하고 싶습니다.

보기 your, like, place, I'd, September 17th, book, to, on

2

_____

거기에 2월 26일에 도착할 예정이에요.   보기 there, 26th, I'll, on, arrive, February

3

_____

이른 체크인이 가능할지 궁금합니다.

보기 can, early, I, if, check-in, the, wondering, was, do

4

_____

여기가 너무 편해서 하루 더 있고 싶어요.

보기 one, it's, here, more, since, want, comfortable, day, stay, so, I, to

5

_____

연락 기다리겠습니다. 감사합니다.

보기 forward, thank, from, I, to, you, look, hearing, you

Drill 2

영어를 가리고 한국어를 보면서 바로 말할 수 있는지 체크해보세요. 🔊 69 02

☐ 5월 31일에 예약을 하고 싶습니다.	I'd like to book your place on May 31st.
☐ 집이 너무 멋지네요.	Your place looks amazing.
☐ 이른 체크인이 가능할지 궁금합니다.	I was wondering if I can do the early check-in.
☐ 조금 일찍 도착할 것 같아요.	Since I'm expecting to arrive there a bit early.
☐ 늦은 체크아웃을 할 수 있을까요?	I was wondering if I can do the late check-out.
☐ 이른 체크인을 할 수 있는지 알고 싶어요.	I'd like to know if I can do the early check-in.
☐ 한 명이 추가되니 침구가 더 필요해요.	We need more bedding since one person was added.

정답 **1** I'd like to book your place on September 17th. **2** I'll arrive there on February 26th. **3** I was wondering if I can do the early check-in. **4** Since it's so comfortable here I want to stay one more day. **5** I look forward to hearing from you. Thank you.

룸 컨디션 항의하기

에어비앤비로 예약한 숙소에 도착한 리나. 오늘은 어떤 미션에 도전할까요?

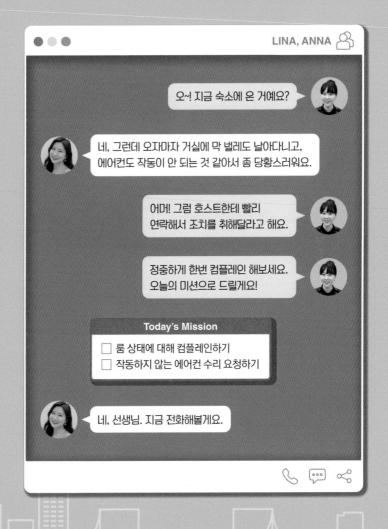

LINA, ANNA

오~! 지금 숙소에 온 거예요?

네, 그런데 오자마자 거실에 막 벌레도 날아다니고, 에어컨도 작동이 안 되는 것 같아서 좀 당황스러워요.

어머! 그럼 호스트한테 빨리 연락해서 조치를 취해달라고 해요.

정중하게 한번 컴플레인 해보세요. 오늘의 미션으로 드릴게요!

Today's Mission
- ☐ 룸 상태에 대해 컴플레인하기
- ☐ 작동하지 않는 에어컨 수리 요청하기

네, 선생님. 지금 전화해볼게요.

Live Talk

Host	Hello?
Lina	Hi, this is Lina. I just called to let you know there are bugs flying around in the living room. Do you have a repellent that I can use?
Host	Sorry about that. The window must've been slightly opened. I'll get to you within the next hour.
Lina	Okay. Also, the air conditioner isn't working either. Can you check it on that as well?
Host	It'll take time for a repair, so I'll bring a spare air conditioner on the way.
Lina	Great. Appreciate it.
Host	Alright, I will see you.
Lina	Bye.

let ~ know ~에게 알려주다 **bug** 벌레, 작은 곤충 **repellent** 방충제 **slightly** 살짝, 약간, 조금, 자그마한 **within** ~(시간) 안으로, 이내에 **air conditioner** 에어컨 **work** 작동되다, 가동되다 **take time for** ~에 시간이 걸리다 **repair** 수리, 보수, 수선 **spare** 여분의, 예비용의, 남는 **on the way** 도중에, 가는 길에

호스트	여보세요?		는 것 같아요.	
리나	안녕하세요. 리나인데요. 거실		이것도 확인해주시겠어요?	
	에 큰 벌레가 날아다녀서 전화했	호스트	수리하려면 시간이 걸려서, 가는	
	어요.		길에 다른 에어컨을 가져다드릴	
	쓸 수 있는 방충제가 있을까요?		게요.	
호스트	죄송합니다. 창문이 살짝 열려 있	리나	좋아요. 감사합니다.	
	었나봐요. 한 시간 안으로 갈게요.	호스트	네, 이따 봬요.	
리나	네. 그리고 에어컨도 작동하지 않	리나	안녕히 계세요.	

Mission Completed

리나가 어떻게 미션을 달성했는지 보세요.

☑ 룸 상태에 대해 컴플레인하기

Lina **Hi, this is Lina.** I just called to let you know there are bugs flying around in the living room. **Do you have a repellent that I can use?**

Host **Sorry about that. The window must've been slightly opened. I'll get to you within the next hour.**

숙소에 가서 룸 상태가 제대로 안 되어 있으면 여행을 망칠 수 있죠. 이럴 땐 호스트에게 전화로 룸 상태에 대해 불만을 말해야겠죠. 리나는 I just called to let you know there are bugs flying around in the living room.이라고 말했어요. 그럼 나의 상황에 맞춰 응용해볼까요? '방에 수건이 없어요.' There are no towels in the room. '방 청소가 제대로 안 된 거 같은데 요.' I don't think the room was cleaned properly.

☑ 작동하지 않는 에어컨 수리 요청하기

Lina **Okay. Also,** the air conditioner isn't working either. **Can you check it on that as well?**

Host **It'll take time for a repair, so I'll bring a spare air conditioner on the way.**

숙소의 에어컨이 작동하지 않는 경우 수리를 요청할 때는 The air conditioner isn't working.이라고 하면 됩니다. 또 히터가 작동하지 않을 때는 The heater is not working.이 라고 하면 되겠죠. 리나가 앞에서 컴플레인한 내용에 에어컨 문제까지 추가할 때는 Can you check it on that as well?이라고 하면 됩니다. 이렇게 항의하거나 수리 요청하기처럼 중요한 문제들을 미리 영어로 알아놓으면 언제 닥칠지 모르는 상황에 대처할 수 있겠죠.

I just called to let you know there are bugs flying around in the living room.

거실에 큰 벌레가 날아다녀서 전화했어요.

---

let you know

상대방에게 무언가를 알려줄 때 I'll let you know!(너에게 알려줄게!)는 굉장히 많이 사용하는 문장입니다. '나에게 알려달라'고 할 때는 let me know라는 표현을 써요.

I'll let you know if any rooms open up.
방이 나면 알려드릴게요.

Could I think about it and let you know tomorrow?
생각해보고 내일 알려드려도 될까요?

---

there are

〈there is/are〉 패턴은 '~가 있다'라는 의미입니다. 보통 be동사를 사용할 땐 앞에 단수가 오는지 복수가 오는지에 따라 is를 쓸지 are를 쓸지가 결정되는데, be동사 뒤에 오는 명사를 보고 단수인지 복수인지를 결정해주어야 해요. There is a boy. There are boys.

There are four towels and two bathrobes.
타월 4장과 목욕 가운 2벌이 있어요.

I want you to know that there are mosquitoes in the room.
방 안에 모기들이 있어요.

Do you have a repellent that I can use?

쓸 수 있는 방충제가 있을까요?

---

repellent는 '방충제, 퇴치제'를 말하죠. 정확히 표현하자면 an insect repellent라고 해요. 모기 퇴치제는 mosquito repellent라고 합니다.

The best way is to use some insect repellent.
가장 좋은 방법은 방충제를 몸에 뿌리는 거예요.

I need some insect repellent.
살충제 좀 주세요.

The air conditioner isn't working either.

에어컨도 작동하지 않는 것 같아요.

---

isn't working

'~가 작동하지 않아요'는 〈~doesn't work〉 또는 〈~isn't working〉이라고 합니다. 여기서 work는 '효과가 있다'의 의미예요.

This heater isn't working.	이 히터는 작동이 안 돼.
The microwave oven isn't working.	전자레인지가 작동하지 않아요.

---

either

부정문에서의 '또한'은 either을 사용하고 긍정문에서의 '또한'은 too를 사용해요. 예를 들어, I was angry at my mom, too.(나 또한 엄마에게 화를 냈어.) I wasn't angry at my mom, either.(나 또한 엄마에게 화를 내지 않았어.)가 됩니다.

We didn't have any beer and we didn't have any wine either.
우리는 맥주가 없었고, 와인도 없었어.

I don't want any rice and she doesn't want it either.
나는 밥을 원하지 않고, 그녀도 그래.

I'll bring a spare air conditioner on the way.

가는 길에 다른 에어컨을 가져다드릴게요.

---

on the way는 '도중에, 가는 길에'라는 뜻으로 I bumped into my ex-boyfriend on the way to the bank. 는 '나는 은행 가는 길에 전 남자친구와 마주쳤어.'가 돼요.

I usually stop by the coffee shop on the way to work.
나는 보통 직장에 가는 도중에 커피숍에 들러요.

I stopped by the grocery store on the way back home.
집에 돌아가는 길에 식료품점에 들렀어요.

학습한 내용을 응용하여 영작해보세요.

1

_____

방 청소가 제대로 안 된 거 같은데요.

보기 think, cleaned, don't, was, properly, room, I, the

2

_____

방이 나면 알려드릴게요.

보기 any, up, let, if, rooms, know, I'll, you, open

3

_____

살충제 좀 주세요.

보기 repellent, some, I, insect, need

4

_____

이 히터는 작동이 안 돼.

보기 isn't, this, working, heater

5

_____

당신의 사려 깊은 마음씨에 감사드려요.

보기 appreciate, thoughtfulness, really, your, I

영어를 가리고 한국어를 보면서 바로 말할 수 있는지 체크해보세요. 70 02

☐ 벌레가 날아다녀서 전화했어요.	I just called to let you know there are bugs flying around.
☐ 쓸 수 있는 방충제가 있을까요?	Do you have a repellent that I can use?
☐ 한 시간 안으로 갈게요.	I'll get to you within the next hour.
☐ 에어컨도 작동하지 않는 것 같아요.	The air conditioner isn't working either.
☐ 가는 길에 다른 에어컨을 가져다드릴게요.	I'll bring you a spare air conditioner on the way.
☐ 전자레인지가 작동하지 않아요.	The microwave oven isn't working.

 정답 **1** I don't think the room was cleaned properly. **2** I'll let you know if any rooms open up. **3** I need some insect repellent. **4** This heater isn't working. **5** I really appreciate your thoughtfulness.

국립공원에서 브이로그 촬영하기

로드트립 중인 리나가 국립공원에 왔네요.
오늘은 어떤 미션에 도전할까요?

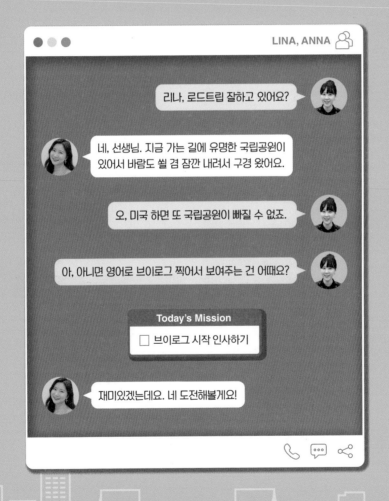

LINA, ANNA

리나, 로드트립 잘하고 있어요?

네, 선생님. 지금 가는 길에 유명한 국립공원이
있어서 바람도 쐴 겸 잠깐 내려서 구경 왔어요.

오, 미국 하면 또 국립공원이 빠질 수 없죠.

아, 아니면 영어로 브이로그 찍어서 보여주는 건 어때요?

Today's Mission
☐ 브이로그 시작 인사하기

재미있겠는데요. 네 도전해볼게요!

Live Talk

Lina   Hello. Today, here I am at the Great Falls
National Park.

Isn't it so beautiful? There is a beautiful
waterfall, and the bridge, and the whole
scenery is just so beautiful.

And I think I chose the perfect day. Let's look
around.

national park 국립 공원   **waterfall** 폭포   **bridge** 다리   **whole** 모든, 전체의, 온전한   **scenery** 풍경, 경치, 배경   **choose** 고르다, 선택[선정]하다(과거형 chose)   **perfect** 완벽한, 더할 나위 없이 좋은, 무결점의   **look around** 둘러보다, 구경하다

194

	리나	안녕하세요. 저는 오늘 여기 그레이트 폴스 국립공원에 왔습니다.
		너무 아름답지 않나요? 아름다운 폭포가 있고, 다리도 있어요.
		이 모든 풍경이 너무 아름답네요.
		그리고 정말 완벽한 날씨를 고른 것 같아요. 한번 같이 볼까요?

Mission Completed

리나가 어떻게 미션을 달성했는지 보세요.

☑ 브이로그 시작 인사하기

Lina   **Hello. Today, here I am at the Great Falls National Park.**

Vlog(브이로그)는 video와 blog의 합성어로, 자신의 일상을 동영상으로 촬영한 영상 콘텐츠를 말합니다. 브이로그로 보여주고 싶은 장소를 소개하기 위해 리나는 어떻게 시작 인사를 했을까요? Today here I am at the Great Falls National Park.라고 했어요. 본인이 서 있는 장소를 Today here I am(저는 오늘)으로 먼저 소개했네요.

here을 써서 소개를 할 수도 있어요. '전 여기 그냥 관광하러 왔어요.' I'm here for sightseeing. 이렇게요. 브이로그 할 때 밋밋하게 하면 재미없잖아요. Guess what? Where am I? Finally, I'm here the Great Falls National Park!(맞춰보세요? 여기가 어딜까요? 전 드디어 그레이트 폴스 국립공원에 왔답니다!)라고 인사말을 하는 것은 어떨까요? 마지막으로, 풍경을 이야기할 때는 이렇게 말해보세요. The whole scenery, here is breathtaking!(이 모든 풍경, 숨막힐 지경이에요!) 여기서 breathtaking은 '숨이 멎을 것 같다'는 뜻입니다.

➕ 많은 분이 생각보다 영어로 풍경을 묘사하는 걸 어려워합니다. 〈There's~〉 혹은 〈There're~〉를 사용해서 문장을 만들 수 있는데요. 리나가 동영상으로 담은 풍경에는 강 위에서 아빠와 아들이 낚시를 하고 있어요. 이때는 There are father and son fishing by the river.라고 하면 됩니다.

There is a person.   사람이 있어요.

There are people.   사람들이 있어요.

➕ 브이로그를 촬영한 후에 인스타그램이나 페이스북과 같은 SNS(social networking service)에 올리지요. SNS와 관련된 표현들을 알아볼까요? 가까운 사람들에게 나의 SNS에 팔로해주라고 할 때가 있죠. Follow me, please save and share my post.(팔로해주고, 제 글을 저장해서 공유해주세요.) 간혹 악플러도 있는데요. '악플러'는 an internet troll, a cyberbully라고 해요. '댓글'은 comment라고 하고 '악성 댓글'은 mean comments, nasty comments, bad comments라고 말합니다. reply는 '답하다, 답글'의 의미를 가지고 있지만 악플이란 단어를 말할 때는 사용하지 않습니다.

회화 실력을 업그레이드해주는 표현을 익혀보세요.

Today, here I am at the Great Falls National Park.

저는 오늘 여기 그레이트 폴스 국립공원에 왔습니다.

here I am은 '여기 있습니다, 다녀왔습니다, 이제야 왔습니다.'라는 의미를 가지고 있습니다. 여기서는 '이제야 왔습니다.'의 뜻을 가지고 있어요. 비슷한 표현으로 브이로그에서 사용할수 있는 말들을 배워볼까요? Hi guys. I'm here to show you the Great Falls National Park.(여러분, 안녕하세요. 저는 여기 그레이트 폴스 국립공원을 보여드리려고 왔습니다.) Hello! Today's another episode is, we're going to the Great Falls National Park. (안녕하세요! 오늘의 에피소드로, 우리는 그레이트 폴스 국립공원을 갈 겁니다.) Actually, I've never been there before. So let's go there together!(사실 저도 한 번도 못 가봤는데요. 자 그럼 함께 가보실까요?)

Here I am to brighten your day.
당신의 하루를 밝혀주려고 제가 여기 왔어요.
Today here I am watching a nice waterfall.
오늘 저는 멋진 폭포를 보고 있습니다.
Here I am at the Grand Canyon.
저는 여기 그랜드 캐년에 왔습니다.

Isn't it so beautiful?

너무 아름답지 않나요?

〈Isn't it ~?〉은 '~하지 않나요?'라는 뜻으로 Isn't it so beautiful?이라고 하면 '너무 아름답지 않나요?'가 됩니다. 또한 Isn't it breathtaking?이라고 하면 '너무 아름다워서 숨이 막히지 않나요?'라는 표현이 됩니다.

She was so beautiful to me.   그녀는 나한테는 너무나 아름답다.
The whole view was so beautiful.   이 모든 광경이 너무 아름다웠다.
The night view of the city was beautiful.   도시의 야경이 아름다웠다.

The whole scenery is just so beautiful.

이 모든 풍경이 너무 아름답네요.

부사 just는 여러 가지 뜻을 가지고 있는데요. 여기서는 '그저, 단지'라는 뜻을 가지고 있습니다. The whole scenery is just so beautiful.에서 just는 '이 모든 풍경이 그저 너무 아름답다.'라는 표현을 하기 위해 쓰였어요. 여기서 just를 빼도 말은 되겠죠.

Today is just an ordinary day.	오늘은 그저 평범한 날이에요.
I just want you to come to my house.	나는 그저 네가 우리 집에 왔으면 해.
This landscape just doesn't seem real.	이 풍경은 그저 현실 같지 않다.

Let's look around.

한번 같이 볼까요?

브이로그 끝인사로 리나는 Let's look around.라고 말했어요. look around는 '둘러보다, 구경하다'라는 의미로 '한번 같이 둘러볼까요?' 또는 '함께 구경해봐요.'라는 표현이 됩니다.

그럼 브이로그에서 사용할 수 있는 끝인사들을 알아볼까요? Thanks for watching my vlog till the end and see you guys my next video!(끝까지 제 Vlog를 시청해주셔서 감사하고요, 다음 동영상에서 만나요!) If you guys have any questions, please leave the comments below!(궁금하신 점 있으면 아래에 댓글 남겨주세요.) Don't forget to like, subscribe and hit the notification bell.(좋아요, 구독하기 그리고 알림 벨 누르기 잊지 마세요.)

'구독하기'는 subscribe로 I subscribed to your channel.(네 채널 구독했어.)이 됩니다. '좋아요'는 like로 I hope this video gets more likes!(이 비디오가 더 많은 '좋아요'를 받기를 바랄게요.) '알람 설정'은 Ring the notification bell, Hit the notification bell. 또는 Turn on the notification bell.입니다.

Let's go there and look around.
거기 가서 함께 둘러봐요.

We can look around the park.
우린 이 공원을 둘러볼 수 있어요.

You should go outside and look around the city.
밖으로 나가서 도시를 둘러봐.

Drill 1

학습한 내용을 응용하여 영작해보세요.

1

오늘 저는 멋진 폭포를 보고 있습니다.　　보기 here, nice, am, a, waterfall, today, I, watching

2

이 모든 풍경이 숨 막힐 지경이에요!　　보기 is, whole, breathtaking, here, the, scenery

3

이 풍경은 정말 멋지다.　　보기 is, this, stunning, scenery

4

도시의 야경이 아름다웠다.　　보기 was, the, view, beautiful, the, of, night, city

5

거기 가서 함께 둘러봐요.　　보기 and, go, around, let's, look, there

Drill 2

영어를 가리고 한국어를 보면서 바로 말할 수 있는지 체크해보세요.

☐	저는 오늘 여기 그레이트 폴스 국립공원에 왔습니다.	Today, here I am at the Great Falls National Park.
☐	너무 아름답지 않나요?	Isn't it so beautiful?
☐	아름다운 폭포가 있고, 다리도 있어요.	There is a beautiful waterfall, and the bridge.
☐	이 모든 풍경이 너무 아름답네요.	The whole scenery is just so beautiful.
☐	한번 같이 볼까요?	Let's look around.
☐	저는 여기 그랜드 캐년에 왔습니다.	Here I am at the Grand Canyon.
☐	이 풍경은 그저 현실 같지 않다.	This landscape just doesn't seem real.

 정답 1 Today here I am watching a nice waterfall. 2 The whole scenery here is breathtaking! 3 This scenery is stunning. 4 The night view of the city was beautiful. 5 Let's go there and look around.

경찰 단속에 대처하기

리나가 운전 중 도로 위에서 경찰 단속에 대처하는 방법을 알려준다고 하네요.
자, 그럼 리나의 라이브 방송에 들어가볼까요?

 Linastagram　　　　　LIVE　✕

안녕하세요, 여러분.
제가 방금 전 과속으로
경찰에 걸렸어요.
미국에서 운전을 하다 보면
이런 돌발 상황이 발생하겠죠.
그래서 여러분에게
제가 어떻게 대처했는지
알려드리려고 해요.

리나님! 속도 위반하셨구나. 에고…

경찰. 상상만 해도 무섭네요.

그런 상황을 영어로 대응해야
한다고 생각하니 앞이 캄캄하네요.

리나가 어떻게 설명했는지 같이 볼까요?

Today's Mission

☐ 운전면허증 보여주기
☐ 벌금을 언제 내야 하는지 물어보기

Live Talk

Lina

First, I'm going to explain that this is a **rented car**.

If the police **asks for** your driver's license, you can answer like this.

Here is my driver's license.

And if you are **fined**, and don't know when to pay, you can ask like this.

Am I supposed to pay right now or later?

be going to ~할 것이다   **explain** 설명하다   **rented car** 렌터카   **ask for** 요구하다, 요청하다   **fine** ~에게 벌금을 과하다, 벌금   **pay** 내다, 지불하다   **like this** 이와 같이   **be supposed to** ~해야 한다, ~하기로 되어 있다

| 리나 | 맨 먼저, 저는 이 차가 렌터카라는 것을 설명할 거예요. |

리나   맨 먼저, 저는 이 차가 렌터카라는 것을 설명할 거예요.

만약 경찰이 운전면허증을 요구한다면, 이렇게 말하면 됩니다.

여기 제 운전면허증이요.

그리고 만약 벌금을 물어야 하는데 언제 내는지 모른다면, 이렇게 물어보면 됩니다.

지금 내나요, 아니면 나중에 내나요?

Mission Completed

리나가 어떻게 미션을 달성했는지 보세요.

☑ 운전면허증 보여주기

Lina   **If the police asks for your driver's license, you can answer like this.**
Here is my driver's license.

교통 법규를 위반하게 되면 경찰이 먼저 운전면허증을 보여달라고 요구하죠. 이때 면허증을 주면서 Here is my driver's license.라고 해요. 그럼 신분증을 요구할 수도 있겠죠. 그럴 땐 Here is my ID.라고 하면 됩니다. 혹은 차 키를 가져가려고 할 수도 있죠. 그럴 때 차 키를 주면서 Here is my car key.라고 말하면 됩니다. 또 차량 등록증을 요구한다면 Here is my vehicle registration card.라고 대답하면 됩니다.

☑ 벌금을 언제 내야 하는지 물어보기

Lina   **And if you are fined, and don't know when to pay, you can ask like this.**
Am I supposed to pay right now or later?

미국에선 벌금을 현장에서 바로 내는 경우도 있다고 하네요. 그래서 fine(벌금, 과태료)을 언제 내야 하는지를 물을 때는 Am I supposed to pay right now or later?라고 말하면 됩니다. 다른 표현으로 '지금 벌금을 내야 하나요?'라고 물을 때는 Am I supposed to pay the fine right now?라고 말하면 되겠죠. '아이디를 보여줘야 하나요?'라고 할 때는 Am I supposed to show my ID?라고 말할 수도 있겠죠. 경찰이 '경찰서로 같이 가시죠.'라고 무시무시한 말을 할 때는 be supposed to를 써서 You're supposed to go to the police station with me.라고 말합니다. 이런 일은 없도록 조심 또 조심해야겠죠.

I'm going to **explain that this is a** rented car.

저는 이 차가 렌터카라는 것을 설명할 거예요.

---

be going to

미래의 행동을 이야기하는 표현으로는 be going to 와 will이 있는데요. be going to는 '~할 셈이다'라는 뜻이고 will 또한 '~할 것이다'의 뜻을 가집니다. will의 경우는 조금 더 즉흥적이고 계획하지 않았던 결정을 표현할 때 쓰이고, be going to의 경우는 이미 계획이 있는 무언가를 하겠다고 말할 때 쓰입니다.

I'm going to **talk to a police officer.** 나는 경찰관과 대화를 나눌 거예요.
We're going to **go to the police station.** 우리는 경찰서에 갈 거예요.

---

rented car

'렌트카'를 뜻하는 단어로는 rented car과 rental car가 있어요. rented car에서 rented는 형용사로 '빌린'이라는 뜻입니다.

I have a red rented car **in my garage.** 내 차고에는 빨간색 렌터카가 있어요.
He washed five rented cars. 그는 5대의 빌린 자동차들을 세차했어요.
This is a rented car **for our road trip.** 이 빌린 차는 우리의 로드트립을 위한 거야.

If the police **asks for** your driver's license, you can answer like this.

만약 경찰이 운전면허증을 요구한다면, 이렇게 말하면 됩니다.

---

ask for는 '(물건을) 요청하다, 요구하다, 필요로 하다'라는 뜻으로, 여기서는 ask for your driver's license(운전면허증을 요구하다)와 같이 쓰였습니다.

I'm going to **ask for the bill.** 계산서를 달라고 요청할 거예요.
Let's **ask for some drinks.** 술 좀 달라고 하자.

Here is **my driver's license.**

여기 제 운전면허증이요.

〈Here is + 명사〉 패턴은 '~이 있습니다, 이것이 ~입니다'라는 뜻으로 Here is your coffee.
(여기 네 커피가 있어.)로 말할 수 있어요. 〈명사 + here is〉 패턴도 사용할 수 있어서, The
mood here is serious.(여기 분위기가 심각한데.)와 같이 말할 수 있습니다.

> **Here is your allowance for this month.** 여기 너의 이번 달 용돈이야.
> **The food** here is **delicious.** 여기 음식은 맛있다.
> **Here is my credit card.** 여기 내 신용카드예요.

And if you are fined, and don't know when to pay, you can ask like this.

그리고 만약 벌금을 물어야 하는데 언제 내는지 모른다면, 이렇게 물어보면 됩니다.

동사 fine은 '~에게 벌금을 과하다'라는 뜻으로, fined는 과거형이에요. You are fined.라고
하면 '벌금이 부과되다'라는 뜻입니다.

> **I was** fined **for speeding.** 나는 속도 위반으로 벌금이 부과됐어요.
> **He was** fined **for a traffic violation.** 그는 신호 위반으로 벌금이 부과됐어요.
> **She was** fined **for illegal parking.** 그녀는 불법 주차로 벌금이 부과됐어요.

Am I supposed to **pay right now or later?**

지금 내나요, 아니면 나중에 내나요?

〈be supposed to + 동사원형〉은 '~해야 한다, ~하기로 되어 있다'라는 뜻으로 You're
supposed to be here on time.(너는 정시에 왔어야 했어.)로 말할 수 있어요. 이 구문의 다
른 표현으로 '원래 ~하기로 했다'를 표현할 때는 I am supposed to meet Anna and tell
this situation.(나는 원래 애나를 만나서 이 상황을 말하려고 했어요.)이라고 합니다.

> **I'm supposed to meet a police officer and talk about this car
> accident.** 나는 원래 경찰을 만나서 이 교통사고에 대해 말했어야 했어요.
> **You're supposed to cook dinner today.**
> 너는 원래 오늘 저녁식사를 요리했어야 했어.

Drill 1

학습한 내용을 응용하여 영작해보세요.

1

_____

여기 제 신분증입니다.　　　　　　　　　　　　　　　　　**보기** is, ID, my, here

2

_____

지금 벌금을 내야 하나요?　　　　　　**보기** pay, right, am, now, to, the, fine, I, supposed

3

_____

나는 경찰관과 대화를 나눌 거예요.　　　**보기** police officer, to, a, going, talk, to, I'm

4

_____

이 빌린 차는 우리의 로드트립을 위한 거야.　　**보기** our, this, road trip, car, is, rented, a, for

5

_____

오늘 전화를 했어야 했나요?　　　　　**보기** you, I, call, am, to, today, supposed

Drill 2

영어를 가리고 한국어를 보면서 바로 말할 수 있는지 체크해보세요. 72 02

☐ 이 차가 렌터카라는 것을 설명할 거예요.	I'm going to explain that this is a rented car.
☐ 만약 경찰이 운전면허증을 요구한다면, 이렇게 말하면 됩니다.	If the police askes for your driver's license, you can answer like this.
☐ 여기 제 운전면허증이요.	Here is my driver's license.
☐ 만약 벌금을 물어야 한다면, 이렇게 물어보면 됩니다.	If you are fined, you can ask like this.
☐ 지금 내나요, 아니면 나중에 내나요?	Am I supposed to pay right now or later?
☐ 우리는 경찰서에 갈 거예요.	We're going to go to the police station.
☐ 나는 속도 위반으로 벌금이 부과됐어요.	I was fined for speeding.

 1 Here is my ID. **2** Am I supposed to pay the fine right now? **3** I'm going to talk to a police officer. **4** This is a rented car for our road trip. **5** Am I supposed to call you today?

온라인으로 캠핑장 알아보기

휴대폰으로 캠핑장을 예약하려는 리나. 오늘은 어떤 미션에 도전할까요?

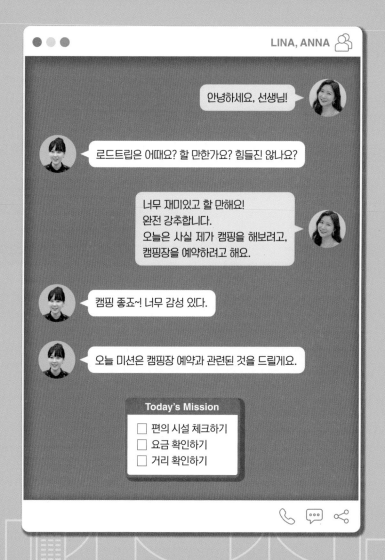

LINA, ANNA

안녕하세요, 선생님!

로드트립은 어때요? 할 만한가요? 힘들진 않나요?

너무 재미있고 할 만해요!
완전 강추합니다.
오늘은 사실 제가 캠핑을 해보려고,
캠핑장을 예약하려고 해요.

캠핑 좋죠~! 너무 감성 있다.

오늘 미션은 캠핑장 예약과 관련된 것을 드릴게요.

Today's Mission
- ☐ 편의 시설 체크하기
- ☐ 요금 확인하기
- ☐ 거리 확인하기

Lina

Let's see…

Blue bird campground.

Looks so cute.

Alright. [Amenities.] Swimming, bar and grill,

biking… Yes.

[Rates are 25 dollars to 47 dollars.] Perfect.

[Location.] 30 minutes away?

[Policies.] Okay.

Reserve!

campground 캠핑장 **amenity** 생활 편의시설, 어메니티(주로 복수로 사용 amenities) **rate** (표준율에 따라 정해진) 요금 **location** 위치 **away** 멀리 **policy** 정책, 방침 **reserve** 예약하다

리나	보자….
	블루 버드 캠프장.
	되게 귀엽네.
	좋아. [편의 시설.] 수영장, 바 앤드 그릴도 있고, 자전거도 있고… 좋아.
	[요금은 25달러에서 47달러.] 완벽해.
	[위치.] 여기서 30분 거리?
	[정책들.] 알겠습니다.
	예약!

Mission Completed

리나가 어떻게 미션을 달성했는지 보세요.

☑ 편의 시설 체크하기

Lina　　**[Amenities.] Swimming, bar and grill, biking… Yes.**

Amenities는 '편의 시설'이라는 뜻으로, 리나가 찾은 캠핑장에는 swimming(수영장), bar and grill(식당 겸용 바), biking(자전거) 등이 있네요. 그럼 캠핑장에 있을 만한 다른 편의 시설들도 알아볼까요? '화장실과 샤워실'은 comfort stations(restrooms, showers), '세탁실'은 laundry facilities(washers, dryers)라고 해요. 그 외에 picnic tables(피크닉 테이블), Free Wi-Fi & Cable(무료 와이파이, 전선 케이블) 등이 있습니다.

☑ 요금 확인하기

Lina　　**[Rates are 25 dollars to 47 dollars.] Perfect.**

'요금'은 rate라고 해서 Rates are 25 dollars to 47 dollars.(요금은 25달러에서 47달러.)라고 쓰여 있다면 사이트나 요일에 따라 요금에 변동이 있는 것 같네요. 그럼 이런 말도 해볼까요? '생각보다 요금이 안 비싸네.' Rates are not that expensive as I thought. '무언가 싸다!'라고 할 때는 The rates are a steal! 반대로, 터무니없이 비싸면 Rates are too steep!

☑ 거리 확인하기

Lina　　**[Location.] 30 minutes away?**

캠핑장까지의 거리를 확인하려면 캠핑장의 장소를 알아야겠죠. Locations. 30 minutes away? 이렇게 말할 수도 있고 The location is 30 minutes away.이라고 해도 됩니다. 이런 표현도 알아두시면 유용할 것 같은데요. '걸어서'라는 뜻의 on foot을 넣어서 The place takes about 10 to 20 minutes on foot.(그 장소는 걸어서 10에서 20분 정도 걸린다.)

Blue bird campground.

블루 버드 캠프장.

명사 camp는 '캠프, 야영지, 막사, 진영'이라는 뜻이고, 동사인 camp는 '캠핑 하다, 야영을 가다(하다)'라는 뜻입니다. 여기서의 campground는 '야영지, 캠핑장'이라는 뜻으로, 같은 의미로 camping site도 있어서 Is there a BBQ grill at the camping site?(그 캠핑장에 바비큐 그릴이 있어요?)로 말할 수 있어요. go camping 하면 '캠핑 가다'라는 뜻으로 I enjoy going camping every weekend.(나는 주말마다 캠핑 가는 것을 즐겨요.)라고 표현하고, '캠핑 차'는 camper이나 caravan이라고 합니다.

We went to the campground last week.
우리는 저번 주에 캠핑장에 갔었어요.

The campground is located in the woods.
캠핑장은 숲속에 위치해요.

What is the campground check-out time?
캠핑장의 체크아웃 시간은 어떻게 되나요?

Amenities. Swimming, bar and grill, biking... Yes.

편의 시설. 수영장, 바 앤 그릴도 있고, 자전거도 있고… 좋아.

캠핑장 편의 시설들인 amenities는 앞에서 알아봤죠. 그럼 캠핑을 가서 편의 시설을 이용하면서 사용할 수 있는 표현을 알아볼까요? 캠핑 장비는 camping equipment라고 하는데, 여기에는 sleeping bag(침낭), thermos(보온병), cooler(아이스박스), tent(텐트), burner(버너), firewood(나무 장작) 등이 있습니다. I packed camping equipment for our camping trip.(나는 우리의 캠핑 여행을 위해 캠핑 장비를 쌌어요.) 캠핑장에 가면 텐트를 치죠. pitch a tent라고 해서 Can you help me pitch a tent?(텐트 치는 걸 도와줄 수 있어?)라고 말할 수 있습니다.

Be sure to check the amenities before you go.
가기 전에 꼭 편의 시설을 알아두세요.

I can go only if the amenities are good.
나는 편의 시설이 좋아야 갈 수 있어요.

Rates are 25 dollars to 47 dollars.

요금은 25달러에서 47달러.

'요금, ~료'는 rate이라고 해서 표준율에 따라 정해진 요금을 뜻해요. The rate is $20 a day. (요금은 하루에 20달러예요.) 그럼 같은 '요금, 가격'이라는 뜻의 cost와는 어떤 차이가 있을까요? cost는 '서비스, 활동에 드는 전체적인 비용이나 일상적인 비용'을 말해서 I spend a lot of living cost.(나는 생활비를 많이 써요.)라고 말해요.

We charge a daily rate.	우리는 날짜별로 작업료를 부과해요.
The rate is $100 a month.	요금은 한 달에 100달러입니다.
The exchange rate is going to fall soon.	환율이 곧 내려갈 거예요.

Locations. 30 minutes away?

위치. 여기서 30분 거리?

부사 away는 '시간적으로 떨어져' 또는 '공간적으로 떨어진 곳에'라는 뜻입니다. '멀다'라는 뜻의 far를 away와 합치면 far away로 '멀리 떨어져'라는 뜻이 돼요. It's far away from my place.(거긴 내가 있는 곳에서 멀리 떨어져 있어요.)처럼 씁니다.

The place is a mile away.	그 장소는 1마일 떨어져 있어요.
My birthday is still a month away.	내 생일은 아직 한 달 남았어.

Policies. Okay.

정책들. 알겠습니다.

policies는 '정책, 방침, 방책'이라는 뜻으로 숙소를 예약할 때 볼 수 있는데요. 예를 들어, 50% refund when cancelled 4~7 days in advance of check-in.(호텔 체크인 4~7일 전 취소 시 50% 환불) 또는 Pets are not allowed in camper cabins.(캠핑카 객실 내 반려동물 출입 금지)가 있을 수 있겠죠.

You need to know the hotel policy.	호텔 방침을 알아두어야 해요.
Be sure to check the camping site's policies.	캠핑장의 방침을 꼭 확인하세요.

Drill 1

학습한 내용을 응용하여 영작해보세요.

1

_____

캠핑장은 숲속에 위치해요.　　　　　　**보기** in, the, woods, located, is, campground

2

_____

가기 전에 꼭 편의 시설을 알아두세요.

보기 before, go, be, the, sure, you, check, amenities, to

3

_____

요금은 한 달에 100달러입니다.　　　　　**보기** rate, a, the, month, $100, is

4

_____

그 장소는 1마일 떨어져 있어요.　　　　　**보기** mile, the, a, away, place, is

5

_____

캠핑장의 방침을 꼭 확인하세요.　**보기** check, be, policies, sure, the, to, site's, camping

Drill 2

영어를 가리고 한국어를 보면서 바로 말할 수 있는지 체크해보세요. 🔊 73 02

☐	편의 시설. 수영장, 바 앤드 그릴도 있고, 자전거도 있고.	Amenities. Swimming, bar and grill, biking.
☐	요금은 25달러에서 47달러.	Rates are 25 dollars to 47 dollars.
☐	위치. 여기서 30분 거리?	Location. 30 minutes away?
☐	정책들. 알겠습니다.	Policies. Okay.
☐	요금이 아주 싸다!	The rates are a steal!
☐	그 장소는 걸어서 10에서 20분 정도 걸린다.	The place takes about 10 to 20 minutes on foot.
☐	우리는 날짜별로 작업료를 부과해요.	We charge a daily rate.

정답 **1** The campground is located in the woods. **2** Be sure to check the amenities before you go. **3** The rate is $100 a month. **4** The place is a mile away. **5** Be sure to check the camping site's policies.

미국의 대자연 감상하기

멋진 풍경을 감상하고 있는 리나.
오늘은 애나 선생님에게서 어떤 미션을 받을까요?

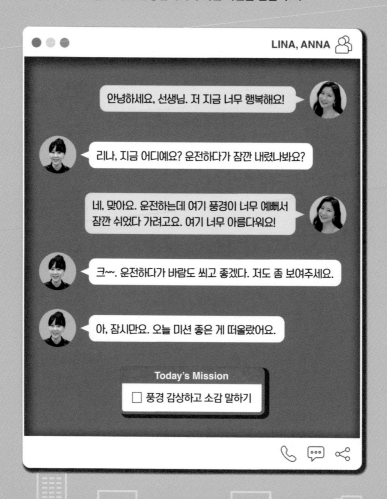

LINA, ANNA

안녕하세요, 선생님. 저 지금 너무 행복해요!

리나, 지금 어디예요? 운전하다가 잠깐 내렸나봐요?

네, 맞아요. 운전하는데 여기 풍경이 너무 예뻐서 잠깐 쉬었다 가려고요. 여기 너무 아름다워요!

크~~. 운전하다가 바람도 쐬고 좋겠다. 저도 좀 보여주세요.

아, 잠시만요. 오늘 미션 좋은 게 떠올랐어요.

Today's Mission

☐ 풍경 감상하고 소감 말하기

Live Talk

Lina   Guys, it's such a spectacular view, exquisite, soothing, calming.

I just wanna take a nap here. This made my day.

Look at this beautiful large river with an amazing bridge.

Just speechless.

spectacular 장관을 이루는   **view** 시야, 경관   **exquisite** 정교한, 매우 아름다운, 강렬한   **soothing** 마음이 진정되는, 위로하는, 달래는   **calm** 차분한   **nap** 낮잠, 잠깐 잠   **take a nap** 낮잠 자다, 졸다   **speechless** 말을 잇지 못하는, 말문이 막히는

리나	여러분, 정말 장관이고, 매우 아름답고, 진정되고, 힐링돼요.
	여기서 낮잠 자고 싶어요. 최고예요.
	커다랗고 아름다운 강과 저 다리를 보세요.
	말이 안 나오죠.

Mission Completed

리나가 어떻게 미션을 달성했는지 보세요.

☑ 풍경 감상하고 소감 말하기

Lina **Guys,** it's such a spectacular view, exquisite, soothing, calming.
I just wanna take a nap here. This made my day.
Look at this beautiful large river with an amazing bridge.
Just speechless.

리나는 멋진 풍경을 보고 감상한 소감을 이렇게 말했어요. It's such a spectacular view, exquisite, soothing, calming. 정말 많은 형용사를 넣어서 소감을 말했네요. 그럼 풍경을 보고 감상하는 표현들을 알아볼까요? The New York city view is really breathtaking!(뉴욕 시티 풍경은 숨이 멎을 것 같아!) Wow, this place is magnificent.(와 여기 웅장하다.) 아름다운 풍경을 이야기할 때 쓸 수 있는 좋은 표현들을 알려드릴게요. picturesque는 '그림 같은'이라는 뜻으로 Wow, this place is super picturesque!(와, 이곳은 정말 그림 같다!) sweeping은 '광범위의'라는 뜻으로 I can enjoy sweeping views at the observatory!(난 전망대에서 시야가 확 트이는 걸 즐길 수 있어요.)처럼 사용해요. magnificent는 '웅장한'이라는 뜻으로 I can feel the magnificent river scenery!(나는 웅장한 강의 풍경을 느낄 수 있어!)처럼 말합니다.

리나가 뒤이어 한 말도 살펴볼까요? This made my day.라고 해서 최고로 좋은 감정을 말했죠. This just made my day.(이거 정말 최고야.)와 같이 just를 넣어 더욱 강조할 수도 있습니다. 마지막으로 Just speechless.라고 했네요. 너무 아름다워서 말이 안 나온다는 표현이죠. I'm a bit speechless.처럼 사용할 수 있습니다.

멋진 풍경을 감상하다 보면 그 순간을 사진으로 남기고 싶죠. 이럴 때 옆에 있는 사람에게 말해보세요. Excuse me, would you please take a picture?(실례지만, 사진 좀 찍어주시겠어요?) 사진이 마음에 안 들어서 한 번 더 찍고 싶다면 Sorry, but can you take it one more time?이라고 말하면 됩니다.

It's such a spectacular view, exquisite, soothing, calming.

정말 장관이고, 매우 아름답고, 진정되고, 힐링돼요.

---

spectacular

리나가 멋진 풍경을 보면서, 지금 자신의 감정을 설명하고 있죠. 리나가 어떤 단어들을 썼는지 한번 볼까요? spectacular는 '장관을 이루는'이라는 뜻으로 spectacular view라고 하면 장관을 이루는 풍경이라는 말이죠. exquisite은 '매우 아름다운', soothing은 '마음이 진정되는', calming은 '차분한'이라는 뜻으로 풍경이 매우 아름다우며 마음이 진정되면서 힐링이 된다는 표현이네요.

We were amazed by the spectacular views.
우리는 장관을 이루는 풍경에 놀랐어요.

This campground is a spectacular place.
이 캠핑장은 아주 장관이에요.

He made a spectacular success in his job.
그는 자기 일에서 굉장한 성공을 거뒀어요.

---

scenery

'풍경' 하면 떠오르는 영어 단어는 scenery와 view가 있죠. 이 둘의 차이를 알아볼까요? scenery은 자연이 지닌 풍경 그 자체를 말하고, view는 개인적인 관점에서 바라보는 전망이나 풍경을 말합니다. view는 셀 수 있는 명사라서 It's a beautiful view.라고 말하고, scenery는 셀 수 없는 명사라서 It's beautiful scenery.라고 말한다는 것을 알아두세요.

This place is remarkable for its scenery.
이 장소는 풍경으로 주목할 만해요.

You can find some beautiful scenery there.
그곳에서 아름다운 풍경들을 볼 수 있어요.

The scenery of Yosemite is fantastic.
요세미티의 풍경은 굉장해요.

I just wanna take a nap here.

여기서 낮잠 자고 싶어요.

take a nap은 '낮잠을 자다'라는 뜻입니다. '잠을 자다'라고 할 때도 동사 take를 써서 take a sleep라고 하고, '휴식을 취하다'도 take a rest라고 합니다.

I would like to take a nap.
낮잠을 좀 자야겠어.
She usually takes a nap **in the afternoon.**
그녀는 오후에는 대개 낮잠을 자요.
Why don't you take a nap?
낮잠을 좀 자지 그래요?

This made my day.

최고예요.

'~이 날 정말 기쁘게 해주었어'라는 뜻의 made my day는 감탄사와 같이 쓰입니다. You just made my day.라고 하면 '너 덕분에 기분이 좋아졌어!'라는 표현이 돼요.

The trip made my day.
여행이 날 정말 기쁘게 해주었어.
You guys really made my day, **thanks!**
너희 덕분에 정말 멋진 하루를 보냈어, 고마워!

Just speechless.

말이 안 나오죠.

speechless는 '말을 잇지 못하는'이라는 뜻인데요. 화가 나서 '말문이 막힌다'라는 뜻으로도 쓸 수 있습니다. He made me speechless.(그는 말문이 막히게 했다.)

We were speechless **by the shocking news.**
우리는 그 충격적인 소식을 듣고 말문이 막혔어요.
I was so mad that I was speechless.
나는 화가 너무 나서 말이 나오지 않았어요.

Drill 1

학습한 내용을 응용하여 영작해보세요.

1

_____

이 캠핑장은 아주 장관이에요.　　　　　보기 is, place, this, spectacular, campground, a

2

_____

낮잠을 좀 자야겠어.　　　　　보기 a, would, nap, I, to, take, like

3

_____

이것이 정말 최고야.　　　　　보기 my, this, day, made, just

4

_____

이 장소는 풍경으로 주목할 만해요.　　　　　보기 for, this, scenery, is, its, remarkable, place

5

_____

이 아름다운 강에 말문이 막히네요.　　　　　보기 river, speechless, this, me, beautiful, made

Drill 2

영어를 가리고 한국어를 보면서 바로 말할 수 있는지 체크해보세요.

☐	정말 장관이고, 매우 아름답고, 힐링돼요.	It's such a spectacular view, exquisite, calming.
☐	여기서 낮잠 자고 싶어요.	I just wanna take a nap here.
☐	최고예요.	This made my day.
☐	말이 안 나오네요.	I'm just speechless.
☐	우리는 장관을 이루는 풍경에 놀랐어요.	We were amazed by the spectacular views.
☐	그곳에서 아름다운 풍경들을 볼 수 있어요.	You can find some beautiful scenery there.
☐	여행이 날 정말 기쁘게 해주었어.	The trip made my day.

 1 This campground is a spectacular place. **2** I would like to take a nap. **3** This just made my day. **4** This place is remarkable for its scenery. **5** This beautiful river made me speechless.

접촉사고가 났을 때 대처하기

리나가 도로 위에서 일어날 수 있는 접촉사고 대처법을 알려준다고 하네요.
자, 그럼 리나의 라이브 방송에 들어가볼까요?

Linastagram LIVE ✕

안녕하세요, 여러분. 오늘 제가 정말
중요한 얘기를 하나 하려고 해요.
로드트립 중 일어날 수 있는
사고에 대한 대처법에 대한 건데요.
사실 방금 굉장히 위험할 뻔했거든요.
이런 경우를 대비해 영어로 어떻게
말해야 좋을지 알려드릴게요.

뭐야, 뭐야, 오늘 왜 이렇게 진지해!

뭐죠…! 매우 궁금.

리나, 무슨 일 있었어요?

걱정되잖아요.

리나는 어떻게 설명하는지,
같이 확인해볼까요?

Today's Mission

☐ 끼어들기 하다가 접촉사고가 났을 때 묘사하기
☐ 주차된 상태에서 접촉사고가 났을 때 상황 묘사하기

오늘의 대화문을 귀 기울여 들어보세요.

Lina   If the car next to me was the cause of the accident, you can explain like this.

The car next to me was trying to pull in front, and he bumped into me.

It is possible for a car to bump into your parked car.

In that case, you can explain like this.

My car had a fender bender while parked on the road.

cause 원인, 이유   accident 사고, 우연   pull 나오다, 끌다, 당기다   in front 앞으로, 앞쪽에, 전방에   pull in front 앞으로 끼어들다   bump into ~에 부딪히다   be possible for ~가 있을 수 있다, ~하는 것 이 가능하다   park 주차하다(parked car 주차된 차)   a fender bender 접촉사고

> 리나　　　만약 내 옆 차가 사고의 원인이라면, 이렇게 설명하면 됩니다.
>
> 제 옆에 차가 앞으로 끼어들었고, 그 차가 제 차에 부딪혔어요.
>
> 주차된 내 차에 누군가가 사고를 낼 수도 있죠.
>
> 그런 경우에는, 이렇게 설명하세요.
>
> 제 차가 주차된 동안 접촉사고가 났어요.

Mission Completed

리나가 어떻게 미션을 달성했는지 보세요.

☑ 끼어들기 하다가 접촉사고가 났을 때 묘사하기

Lina　　**The car next to me was trying to pull in front, and he bumped into me.**

옆에 있는 차가 앞지르기를 하려다가 내 차를 박았을 때를 묘사하는 미션이죠. The car next to me was trying to pull in front, and he bumped into me.

'끼어들다'라는 의미의 다른 표현인 cut off를 써서 말해볼까요? The car in front of me was trying to cut off. 이번에는 '뒤에 오는 차가 바짝 따라붙다가 박았다'고 이야기해봐요. The car behind me was trying to tailgate and she finally ran into me. 문장이 좀 길지만 표현을 나눠가면서 말해봐요. 이번엔 내 감정까지 넣어가면서 설명해볼까요? The car behind me was trying to hit mine and I was super sacred.(뒤에 오는 차가 내 차를 박으려고 해서 나는 너무 무서웠어요.) 이런 사고와 관련된 표현은 운전을 하는 사람이라면 꼭 알아야겠죠.

☑ 주차된 상태에서 접촉 사고가 났을 때 상황 묘사하기

Lina　　**My car had a fender bender while parked on the road.**

내 차는 주차되어 있었는데 다른 차가 와서 부딪히는 경우가 생길 수도 있죠. 이럴 땐 My car had a fender bender while parked on the road.라고 말하면 됩니다.

이번엔 뒤를 조금 바꿔 말해볼까요? My car had a fender bender on my way back home.(집에 오는 길에 접촉사고가 났어요.) 이번에는 다른 표현을 써서 말해볼게요. I had a car accident on the freeway.(고속도로에서 사고가 났어요.), Somebody hit my car while parked on the road.(도로 위에 주차되어 있던 제 차를 누가 박았어요.)

If the car next to me was the cause of the accident, you can explain like this.

만약 내 옆 차가 사고의 원인이라면, 이렇게 설명하면 됩니다.

여기서 accident는 car accident(차 사고)를 말하죠. car crash는 '차 충돌'이라는 뜻으로, a collision과 같은 의미예요. '내 차가 나무에 부딪혔어요.'는 My car crashed into trees. 또는 My car came into collision with trees.로 표현할 수 있습니다.

I was involved in a car accident.	교통사고를 당했어요.
An accident can happen anywhere.	사고는 어디서든 일어날 수 있어요.
The accident is holding up traffic.	차 사고가 길을 막히게 해요.

The car next to me was trying to pull in front, and he bumped into me.

제 옆에 차가 앞으로 끼어들었고, 그 차가 제 차에 부딪혔어요.

---

try to

try to는 '~하려고 시도하다, ~하려고 노력하다'라는 의미로 was trying to pull in front라고 하면 '끼어들려고 했어요'가 됩니다.

The police are trying to find out what really happened.
경찰은 실제로 어떤 일이 일어났는지를 알아내려고 노력하고 있어요.
I'm trying to explain the situation to him.
나는 그에게 상황을 설명하려고 하고 있어요.

---

pull

pull은 '당기다'라는 뜻으로 많이들 알고 있지만 여기서는 '쏠리다, 차량 등을 한쪽으로 틀다'라는 뜻입니다. pull in front라고 하면 '차가 앞으로 끼어들다'라는 뜻으로, cut in front of와 같은 뜻이에요. A bus cut in front of my car.(버스가 내 차 앞으로 끼어들었다.)로 말하고, 같은 표현으로 A bus cut me off.(버스가 내 차 앞으로 끼어 들었어요.)가 있습니다.

Pull your car over, please.	차를 옆으로 주차하세요.
Why don't you pull your car in?	차를 안으로 주차하시죠?

It is possible for a car to bump into your parked car.

주차된 내 차에 누군가가 사고를 낼 수도 있죠.

bump into는 '~에 부딪히다'라는 뜻으로 여기서는 '다른 차가 내 차에 부딪히다'라는 표현으로 쓰였어요. 이런 경우에 사용할 수 있는 표현들을 말해볼까요? 우선 It was not my fault. (내 잘못이 아니었어요.)라고 말할 수 있겠죠. That car hit the broadside of mine.(저 차가 내 차 옆을 들이받았어요.) That car ran into me.(저 차가 나를 들이받았어요.) That car hit mine from behind.(저 차가 내 차를 뒤에서 들이받았어요.) 등으로 설명할 수 있답니다.

> **That SUV bumped into my car.**
> 저 SUV가 내 차에 부딪혔어요.
>
> **Be careful not to bump into another car.**
> 다른 차에 부딪히지 않도록 조심하세요.
>
> **My bike bumped into a parked car.**
> 자전거가 주차된 차량에 부딪혔어요.

My car had a fender bender while parked on the road.

제 차가 주차된 동안 접촉사고가 났어요.

a fender bender는 '가벼운 접촉사고'라는 뜻으로 '접촉사고가 났다.'는 I had a fender bender.라고 합니다. I had a fender bender yesterday and my car is in the shop now.(어제 가벼운 접촉사고가 나서 내차는 정비소에 있어요.)로 말할 수 있습니다.

> **I had a fender bender on the way home.**
> 나는 집으로 오는 길에 접촉사고를 냈어요.
>
> **We have a minor fender bender.**
> 우리는 가벼운 접촉사고가 났어요.
>
> **Don't worry, it's just a little fender bender.**
> 걱정 마세요 그냥 가벼운 작은 접촉사고예요.

학습한 내용을 응용하여 영작해보세요.

1

_____

내 앞차가 끼어들려고 했어요.

보기 was, off, the, me, trying, front, cut, car, in, of, to, me

2

_____

집에 오는 길에 접촉사고가 났어요.

보기 on, home, a, my, bender, my, car, back, had, fender, way

3

_____

사고는 어디서든 일어날 수 있어요.

보기 anywhere, an, can, accident, happen

4

_____

나는 그에게 상황을 설명하려고 하고 있어요.

보기 situation, trying, him, I'm, explain, to, the, to

5

_____

다른 차에 부딪히지 않도록 조심하세요.

보기 into, car, be, to, another, careful, bump, not

Drill 2

영어를 가리고 한국어를 보면서 바로 말할 수 있는지 체크해보세요. 75 02

☐	제 옆에 차가 앞으로 끼어들었고, 그 차가 제 차에 부딪혔어요.	The car next to me was trying to pull in front, and he bumped into me.
☐	주차된 내 차에 누군가가 사고를 낼 수도 있죠.	It is possible for a car to bump into your parked car.
☐	주차된 내 차가 접촉사고를 당했어요.	My car had a fender bender while parked on the road.
☐	교통사고를 당했어요.	I was involved in a car accident.
☐	차를 옆으로 주차하세요.	Pull your car over, please.
☐	저 SUV가 내 차에 부딪혔어요.	That SUV bumped into my car.

 1 The car in front of me was trying to cut me off. **2** My car had a fender bender on my way back home. **3** An accident can happen anywhere. **4** I'm trying to explain the situation to him. **5** Be careful not to bump into another car.

파킹 미터기로 주차하기

주차를 하고 파킹 미터기 앞에 서 있는 리나. 오늘은 어떤 미션에 도전할까요?

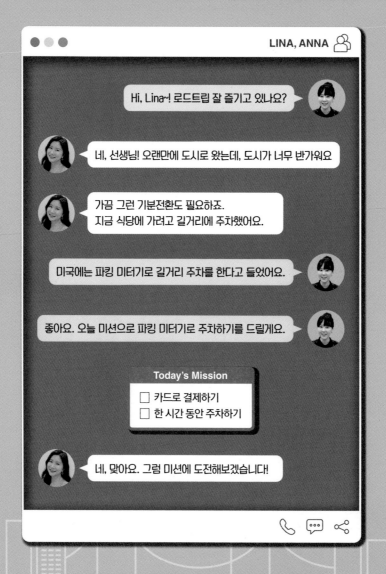

LINA, ANNA

Hi, Lina~! 로드트립 잘 즐기고 있나요?

네, 선생님! 오랜만에 도시로 왔는데, 도시가 너무 반가워요

가끔 그런 기분전환도 필요하죠.
지금 식당에 가려고 길거리에 주차했어요.

미국에는 파킹 미터기로 길거리 주차를 한다고 들었어요.

좋아요. 오늘 미션으로 파킹 미터기로 주차하기를 드릴게요.

Today's Mission
- ☐ 카드로 결제하기
- ☐ 한 시간 동안 주차하기

네, 맞아요. 그럼 미션에 도전해보겠습니다!

Live Talk

Lina   Okay.

[Insert coins to add the time automatically.]

I don't have coins.

[Or dip payment card. Or insert NYC parking card.]

Okay, payment card.

I will go with 1 hour. Great.

[Print receipt.]

---

add 추가하다, 더하다   **automatically** 자동으로   **dip** 깊숙이 집어넣다, 찍다   **payment card** 지불카드   **NYC parking card** 뉴욕 주차카드(NYC = New York City)   **go with** 고르다, 선택하다   **print** 출력하다, 인쇄하다, 찍다   **receipt** 영수증

리나   좋았어.

[동전을 넣으면 자동으로 시간이 추가됩니다.]

동전은 없는데.

[아니면 결제할 카드를 넣거나, 뉴욕 주차카드를 삽입하세요.]

카드로 결제해야겠네.

한 시간 해야겠다. 좋았어.

[영수증 출력하기.]

Mission Completed

리나가 어떻게 미션을 달성했는지 보세요.

☑ 카드로 결제하기

Lina   **Okay, payment card.**

파킹 미터기에서 '카드 결제'는 payment card라고 해요 너무 쉽죠.

그럼 주차와 관련된 다양한 표현을 알아볼까요? '여기에 주차할 수 없어요.'는 You're not allowed to park here. '주차할 곳을 찾고 있어요.'는 I'm looking for a parking spot. '근처에 무료 주차장이 있나요?'는 Is there a free parking lot nearby?라고 말하면 됩니다. street parking은 차도에 주차하는 것으로 Is there street parking?(차도 주차가 있나요?) 이라고 말할 수 있어요. 미국에서 차도 주차를 하려고 할 때 빨간색 바닥에 no parking이란 문구가 씌어 있으면 그곳엔 절대 주차할 수 없다는 것을 알아두세요. 주차를 하면 안 되는 곳이 또 있죠. fire lane(소방 도로)은 주차 금지 구역입니다. '밤 사이에 자동차를 놔둬도 될까요?'라고 물어볼 때는 Can I leave my car overnight?라고 말하면 됩니다.

☑ 한 시간 동안 주차하기

Lina   **I will go with 1 hour. Great.**

대략 주차할 시간을 감안해서 한 시간 동안 주차하기를 말할 때는 I will go with 1 hour.라고 말하면 돼요. '혹시 모르니까 두 시간으로 해야겠다.'라고 말하고 싶을 때는 I'll go with 2 hours just in case. 이 문장에 나오는 go with 말고 쓸 수 있는 단어로는 choose가 있어서 I'll choose 1 hour. 아니면, 간단하게 An hour will be okay. 혹은 An hour sounds good.이라고 말하면 됩니다.

Insert coins to add the time automatically.

동전을 넣으면 자동으로 시간이 추가됩니다.

부사 automatically는 '자동적으로, 자동으로'라는 뜻으로 형용사 automatic(자동의)에서 파생된 단어입니다.

The doors shut automatically.
그 문들은 자동으로 닫혀요.

The air conditioner turns off automatically.
에어컨은 자동으로 꺼져요.

The smart key locks my car automatically.
그 스마트 키가 자동으로 내 차의 문을 잠궈요.

➕ 미국에서 주차를 할 때 흔히 볼 수 있는 표지판들이 있는데요. Front end parking only는 '전면주차'라는 뜻이고 '후면주차'는 Back in parking이라고 합니다. One hour parking 9 a.m.~7 p.m.은 '오전 9시에서 오후 7시까지 한 시간 주차 가능'이라는 뜻입니다. Street sweeping no parking은 '거리 청소 시 주차 금지', No parking anytime은 '항시 주차 금지'라는 말입니다. 표지판은 무수히 많지만 한 가지만 기억해두세요. 빨간색은 금지! 초록색 허가!

Okay, payment card.

카드로 결제해야겠네.

payment는 '지불, 지급, 납입'이라는 뜻으로 여기서는 주차료를 말하고 있어요. 그럼 미국의 주차 요금에 대해서 알아볼까요? 주차 요금은 보통 25센트 동전만을 사용하여 주차 시간만큼 적립하는데, 지역마다 차이가 있지만 일반적으로 25센트당 30분 내지 15분, 적게는 10분의 주차 시간을 부여합니다. 투입한 금액만큼 주차 시간이 부여되고, 만약 시간이 넘으면 그 후의 주차 잔여 시간을 잘 확인해야 해요. 자칫 벌금을 물 수 있기 때문에 동전을 넣어 시간을 적립하든가, 시간을 설정하고 카드 결제를 하든가 해서 해당 금액만큼 주차 시간을 확보한 다음, 영수증을 뽑아서 차량의 대시보드에 올려놓으면 됩니다.

I get a $300 payment for my part-time job.
나는 아르바이트로 300달러를 받아요.

You will receive your payment by end of this month.
이번 달 말까지 대금을 받을 거예요.

Payment is due on December 20th.
금액 지불은 12월 20일에 돼요.

I will go with 1 hour.

한 시간 해야겠다.

go with는 '계획이나 제의 등을 받아들이다'라는 뜻으로 여기서는 몇 가지 명시된 주차 시간 중에 한 시간을 '허하다' 혹은 '고르다'라는 의미를 가지고 있습니다. 그래서 go with 대신 '고르다'는 뜻의 choose를 넣어 I'll choose an hour. 또는 An hour sounds good.이라고 말할 수 있습니다.

We can go with your offer.
우리는 당신의 제의를 받아들일게요.
I would go with the second dress you showed me.
당신이 보여준 두 번째 드레스로 할게요.
I'll go with the blue one.
나는 파란색으로 할게요.

Print receipt.

영수증 출력하기.

receipt은 '영수증'으로, 여기서는 파킹 미터기에서 주차 요금을 지불한 후 인쇄된 영수증을 말합니다. receipt의 발음을 어려워하는 분들이 있어요. 간혹 '뤼쌉' 또는 '리씨트'라고 발음하는 분도 있는데, -pt를 잘못 발음한 것입니다. 실제 이 단어의 영어 발음은 '뤼씨이잇'이라고 해요. 위아래 치아를 맞닿듯이 해서 중간 발음을 '뤼씨-이잇' 하고 눌러서 길게 발음하는 것이 포인트입니다.

Can I have a receipt, please?	영수증 좀 주시겠어요?
I didn't get a receipt.	영수증을 받지 못했어요.
Could I get a parking receipt please?	주차 요금 영수증을 주시겠어요?

1

주차할 곳을 찾고 있어요.　　　　　　보기 parking, a, looking, I'm, spot, for

2

혹시 모르니까 두 시간으로 해야겠다.　　　보기 just, case, go, in, I'll, two hours, with

3

그 문들은 자동으로 닫혀요.　　　　　　보기 shut, the, automatically, doors

4

두 시간 반으로 해야겠다.　　　　　　보기 hours, go, I, and, will, two, with, half

5

영수증 좀 주시겠어요?　　　　　　　보기 please, have, receipt, I, a, can

Drill 2

영어를 가리고 한국어를 보면서 바로 말할 수 있는지 체크해보세요. 76 02

☐ 동전을 넣으면 자동으로 시간이 추가됩니다.	Insert coins to add the time automatically.
☐ 카드로 결제해야겠네.	Okay, payment card.
☐ 한 시간 해야겠다.	I will go with 1 hour.
☐ 영수증 출력하기.	Print receipt.
☐ 그 스마트 키가 자동으로 내 차의 문을 잠궈요.	The smart key locks my car automatically.
☐ 나는 아르바이트로 300달러를 받아요.	I get a $300 payment for my part-time job.
☐ 영수증을 받지 못했어요.	I didn't get a receipt.

정답　**1** I'm looking for a parking spot. **2** I'll go with two hours just in case. **3** The doors shut automatically. **4** I will go with two and half hours. **5** Can I have a receipt, please?

세차하기

세차장에 온 리나.
오늘은 애나 선생님에게서 어떤 미션에 받을까요?

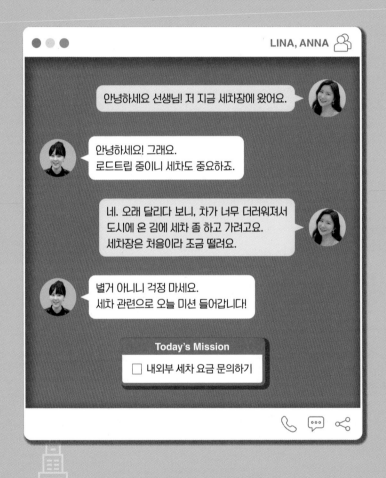

LINA, ANNA

안녕하세요 선생님! 저 지금 세차장에 왔어요.

안녕하세요! 그래요.
로드트립 중이니 세차도 중요하죠.

네. 오래 달리다 보니, 차가 너무 더러워져서
도시에 온 김에 세차 좀 하고 가려고요.
세차장은 처음이라 조금 떨려요.

별거 아니니 걱정 마세요.
세차 관련으로 오늘 미션 들어갑니다!

Today's Mission

☐ 내외부 세차 요금 문의하기

Live Talk

 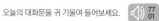

Employee	Hey.
Lina	Hello.
Employee	Car wash, detailing or both?
Lina	Car wash, please.
	How much is it for both interior and exterior?
Employee	It'll be 20 dollars for both. Also, please leave your car key inside.
Lina	Oh, I thought it was an automatic car wash.
Employee	Oh, no… We only do hand wash here.
	Plus, it's good for your car in the long run.
Lina	Oh, I see.
Employee	It'll be taking 10 minutes.
	So you can pay over there at the counter until I'm done.
Lina	Thank you.
Employee	You are most welcome.

---

car wash (일반) 세차, 세차장   **detailing** 세부 세차(차량의 내부, 외부를 깨끗하게 관리해주는 행위의 의미)   **both** 둘 다   **interior** 내부, 내부의   **exterior** 외부, 겉, 외부의   **automatic** 자동의, 무의식적인, 반사적인   **automatic car wash** 자동 세차   **hand wash** 손 세차(하다)   **plus** 뿐만 아니라, 게다가, 또한   **in the long run** 결국에는, 장기적으로 보면

직원	안녕하세요.		하고 있어요.
리나	안녕하세요.		그리고 장기적으로 차한테도 손
직원	일반 세차, 세부 세차 혹은 둘 다		세차가 좋습니다.
	가능합니다.	리나	오, 그렇군요.
리나	일반 세차로 해주세요. 내부와 외	직원	10분 정도 걸릴 겁니다.
	부 모두 청소하면 얼마인가요?		제가 다 할 때까지 카운터에서 결
직원	모두 하면 20달러예요. 그리고,		제하시면 됩니다.
	열쇠는 차 안에 놔주세요.	리나	감사합니다.
리나	자동 세차인 줄 알았는데요.	직원	천만에요.
직원	오, 아니에요. 저희는 손 세차만		

Mission Completed

리나가 어떻게 미션을 달성했는지 보세요.

☑ 내외부 세차 요금 문의하기

Lina **Car wash, please.**

How much is it for both interior and exterior?

Employee **It'll be 20 dollars for both. Also, please leave your car key inside.**

세차장은 car wash라고 하고, 셀프 세차장은 self-service car wash라고 합니다. 세차장에서 '세차하다'는 get a car wash나 wash a car라고 하고 I need to get a car wash.(세차를 해야 해.) How often do you wash your car?(얼마나 자주 세차를 하나요?)라고 표현할 수 있어요. 명사형으로 '세차'는 car wash라고 하고, '세차장'도 car wash라고 했죠.

세차는 내부와 외부 세차로 구분해서 How much is it for both interior and exterior? 라고 묻습니다. 내부 세차 가격을 물을 때는 How much is it for interior? 세부 세차 가격을 물을 때는 How much is it for detailing? 자동 세차 가격을 물을 때는 How much is the automatic car wash?라고 합니다. 세부 세차는 폴리싱, 왁싱 등 다양한 디테일링(detailing) 기법이 포함된 세차를 말해요. washing(세차)은 디테일링의 다양한 기법 중 하나일 뿐 세차가 디테일링은 아닙니다.

➕ 한국에서 말하는 카센터는 미국에선 잘못된 표현으로 shop, repair shop 또는 body shop이라고 해요. shop은 물건을 판매하는 곳을 말하기도 하지만 전문가들이 물건을 고쳐주는 곳을 나타낼 때도 사용할 수 있습니다.

How much is it for both interior and exterior?

내부와 외부 모두 청소하면 얼마인가요?

both는 '둘 다'라는 뜻으로 여기서는 내부와 외부, 둘 다를 말하고 있죠. 다른 both의 쓰임을 보면, Both Anna and Lora are nice teachers.(애나와 로라는 둘 다 좋은 선생님이에요.) 라고 표현할 수 있어요. either은 '둘 중 하나, 양쪽 각각'이라는 뜻으로, Either Anna or Lora is kind.(애나와 로라 둘 중 한 명은 친절해.)라는 표현으로 사용할 수 있어요. Neither은 '둘 다 아닌'이라는 뜻으로 Neither Anna nor Lora is pretty.(애나와 로라 둘 다 누구도 예쁘지 않아.)라는 표현으로 쓸 수 있습니다.

Both cars are fast.
두 대의 차 모두 빨라요.

The game is open to both men and women.
그 게임은 남자들과 여자들 모두에게 열려 있어요.

Do you want both carrots and cucumbers?
당근과 오이 둘 다 원해요?

Plus, it's good for your car in the long run.

그리고 장기적으로 차한테도 손 세차가 좋습니다.

good for

good for은 '~에 좋다'라는 뜻이고, Milk is good for you.(이 우유는 우리 몸에 좋아요.)처럼 사용해요. 어순을 반대로 for good이라고 하면 forever(영원히)와 같은 뜻이고, Seriously, are you leaving for good?(진짜 아주 가는 거야?)처럼 사용합니다.

Exercising every day is good for you.
매일 운동은 몸에 좋아요.

Eating breakfast is good for your health.
아침밥을 먹는 것은 당신 몸에 좋아요.

Having a daily routine is good for you.
규칙적인 생활은 너에게 좋아.

in the long run

in the long run은 '결국에는, 장기적으로 보면'이라는 의미로 I thought it would be better in the long run.(장기적으로 보면 그게 나을 것 같다고 생각해요.)로 사용할 수 있어요.

It will save you time and money in the long run.
결국에는 시간과 돈을 절약해줄 거야.

It will be better for you in the long run.
그것은 장기적으로 보면 너에게 더 좋을 거야.

Oh, I see.

오, 그렇군요.

see는 '보다'라는 뜻 외에 '알다, 이해하다'라는 뜻도 있어요. 그럼 I know.와 I see.의 차이점은 뭘까요? I know.는 이미 알고 있는 경우를 말하고 I see.는 상대방의 말을 듣고 이해한 경우를 말해요. I know. I'm just looking for my phone.(알아. 그냥 휴대폰을 찾고 있는 중이야.) Oh! I see. Then, I don't need to look for your phone.(오 그렇구나! 그럼 나는 더 이상 네 휴대폰을 찾을 필요가 없네.)

I see what you mean.	무슨 말인지 알겠어요.
See, I told you.	거봐, 내가 뭐라 그랬어.
You see what I mean?	내 말 알겠지?

So you can pay over there at the counter until I'm done.

제가 다 할 때까지 카운터에서 결제하시면 됩니다.

until과 by는 둘 다 시간 표현으로 '~까지'라는 뜻을 가지는데요. until은 어떤 특정 시점까지 행동이 지속되는 것을 말하고, by는 일회성으로 언제까지 해야 하는 기한을 말합니다. I'll stay in the hotel until the end of this month.(나는 이달 말까지 이 호텔에 머물 거예요.) I have to submit this project by Monday.(나는 이 과제를 월요일까지 제출해야만 해요.)

I'll be there until **the show ends.**
나는 쇼가 끝날 때까지 거기에 있을 거예요.

You can wait in the office until **I'm done.**
제가 다 할 때까지 사무실에서 기다리시면 됩니다.

233

학습한 내용을 응용하여 영작해보세요.

1
_____

세부 세차는 얼마인가요?　　　　　　보기 much, for, how, it, detailing, is

2
_____

모두 하면 30달러예요.　　　　　　보기 dollars, be, both, It'll, for, thirty

3
_____

장기적으로 당신 몸에도 좋습니다.　　보기 in, run, It's, for, the, health, good, your, long

4
_____

한 시간 정도 걸릴 겁니다.　　　　　　보기 hour, it'll, take, an

5
_____

무슨 말인지 알겠어요.　　　　　　보기 you, see, mean, I, what

Drill 2

영어를 가리고 한국어를 보면서 바로 말할 수 있는지 체크해보세요.

☐	내부와 외부 모두 청소하면 얼마인가요?	How much is it for both interior and exterior?
☐	모두 하면 20달러예요.	It'll be twenty dollars for both.
☐	자동 세차인 줄 알았는데요.	I thought it was an automatic car wash.
☐	제가 다 할 때까지 카운터에서 결제하시면 됩니다.	You can pay over there at the counter until I'm done.
☐	그 게임은 남자들과 여자들 모두에게 열려 있어요.	The game is open to both men and women.
☐	매일 운동은 몸에 좋아요.	Exercise every day is good for you.
☐	결국에는 시간과 돈을 절약해줄 거야.	It will save you time and money in the long run.

정답 **1** How much is it for detailing? **2** It'll be thirty dollars for both. **3** It's good for your health in the long run. **4** It'll take an hour. **5** I see what you mean.

우연히 만난 친구와 저녁 약속 잡기

로드트립이 거의 끝으로 가는 리나, 휴식차 간 산책로에서 친구를 만났네요.
자, 그럼 리나의 라이브 방송에 들어가볼까요?

Linastagram LIVE ✕

안녕하세요, 여러분.
저 지금 운전하다가 조금 피곤해서
바람도 쐴 겸 산책하면서 풍경이 너무 멋져서
여러분과 같이 구경하려고요.
어, 잠시만요. 우연히 친구를 만났네요.

오, 풍경 완전 멋지다!

로드트립은 언제까지예요?

거의 막바지인 거 같은데. 아쉽겠어요~!

리나가 우연히 친구를 만났네요.
그럼 이 상황에 맞는 미션을 볼까요?

Today's Mission
☐ 우연히 마주친 친구에게 인사하기
☐ 일정 없으면 같이 저녁 먹을지 물어보기

Katie	Lina!
Lina	Oh my gosh. Katie! What are the odds? I didn't expect to see you here!
Katie	I was just going for a walk after work. What brings you here?
Lina	Likewise, I just needed a break from driving for so long.
Katie	You must be tired then.
Lina	Yeah, it's okay. You know what? If you don't have any plans for tonight, should we grab dinner or drinks or something?
Katie	Sounds great! It's funny seeing you out of nowhere.
Lina	I know. Isn't it crazy?
Katie	Where do you want to go?
Lina	I don't know. Like, do you know this area?
Katie	No, not really.

---

odd 가능성, 확률 **after work** 퇴근 후 **go for a walk** 산책하다 **bring** 데려오다, 가져오다
likewise 마찬가지로, 똑같이, 다름없이 **break** 휴식 (시간) **grab** 간단히 먹다 **out of nowhere** 뜬금
없이, 난데없이, 갑자기, 불시에

케이티	리나!	리나	맞아, 괜찮아. 있잖아, 오늘 밤에 딱히 다른 계획이 없으면, 저녁이나 술이나 뭐 먹는 거 어때?
리나	세상에, 케이티! 이런 우연이 다 있네? 여기서 널 만날 줄은 상상도 못 했어!	케이티	좋은 생각이야. 난데없이 널 여기서 만나니까 너무 웃기다.
케이티	나는 퇴근하고 산책하고 있었어. 여기는 어쩐 일이야?	리나	그러니까 말이야. 믿겨?
리나	나도 마찬가지야, 운전을 너무 오래 해서 휴식이 좀 필요했어.	케이티	어디 가고 싶어?
		리나	모르겠어. 너 여기 잘 알아?
케이티	너 엄청 피곤하겠다.	케이티	아니, 나도 잘 몰라.

Mission Completed

리나가 어떻게 미션을 달성했는지 보세요.

☑ 우연히 마주친 친구에게 인사하기

Lina **Oh my gosh. Katie! What are the odds? I didn't expect to see you here!**

Katie **I was just going for a walk after work. What brings you here?**

우연히 만난 친구를 보며 리나가 말하죠, What are the odds? I didn't expect you to see you here! 또 What are the odds.를 조금 바꾸면 '세상에 어떻게 그런 일이 또 일어나지?'라며 깜짝 놀람을 표현하는 문장이 됩니다. What are the odds of that happening again?

☑ 일정 없으면 같이 저녁 먹을지 물어보기

Lina **If you don't have any plans for tonight, should we grab dinner or drinks or something?**

Katie **Sounds great! It's funny seeing you out of nowhere.**

우연히 만난 친구에게 별일 없으면 같이 저녁을 먹거나 한잔하자고 말할 때는 If you don't have any plans for tonight, should we grab dinner or drinks or something? '뭐 간단하게 먹으러 가지 않을래?'는 If you don't have any plans for tonight, should we grab a bite?라고 하면 돼요. grab a bite은 원어민들이 정말 좋아하는 표현입니다. '커피 마시러 가지 않을래?'는 If you don't have any plans for tonight, let's grab a coffee. 만약 내가 다른 일정이 있어서 거절해야 할 땐 Sorry, I've got plans tonight.(미안, 오늘 밤에 약속이 있어.) Can I take a rain check?(다음 기회로 미뤄도 될까요?) I'm afraid I can't make it today.(아무래도 오늘은 힘들 거 같아.)라고 할 수 있어요.

What are the odds?

이런 우연이 다 있네?

---

odd는 '가능성, 확률'을 의미해서 What are the odds?는 '이런 확률이 얼마나 될까'로 이해하면 됩니다. 이 문장과 같은 표현으로는 What a coincidence!도 있습니다.

The odds are that we'll win.	우리가 우승할 가능성이 있다.
The odds are that she will succeed.	그녀는 성공할 거예요.

What brings you here?

여기는 어쩐 일이야?

Why are you here?는 듣는 사람이 좀 무례함을 느낄 수 있으니 '여긴 왠일이야!'라는 느낌을 전달하고 싶을 때는 찰떡입니다. 또한 '무슨 일로 오셨나요?', '무엇을 도와드릴까요?', '무슨 용건이신가요?' 등의 의미로 말할 수 있습니다.

What brings you here so late?	이렇게 늦게 여긴 어쩐 일이에요?
What brings you here on this rainy day?	이렇게 비 오는 날에 웬일이야?

Likewise, I just needed a break from driving for so long.

나도 마찬가지야, 운전을 너무 오래 해서 휴식이 좀 필요했어.

---

break는 '휴식'이라는 뜻으로, take a break(잠깐 쉬다)라는 표현을 사용해 Okay guys, let's take a break!(좋아요 여러분, 좀 쉬도록 해요!)라고 합니다. 푹 쉰다는 의미를 전달하고 싶으면 relax를 사용해서 I relaxed over the weekend.(주말에 좀 쉬었어요.)라고 말하는 것이 더 낫습니다.

He needed the break in order to recharge.
그는 재충전을 위해 휴식이 필요해요.

Why don't you take a break for a while?
잠시 휴식을 취하는 것이 어떨까요?

If you don't have any plans for tonight, should we grab dinner or drinks or something?

오늘 밤에 딱히 다른 계획이 없으면, 저녁이나 술이나 뭐 먹는 거 어때?

친구와의 약속은 plan을 사용하고 회화에선 주로 복수형으로 plans를 사용합니다. 가볍게 술 한잔, 커피 한잔의 뉘앙스를 주고 싶으면 grab이라는 동사를 사용해서 grab a bite(간단히 먹 다)라는 표현을 사용합니다.

I don't have any plans today. So, I'm gonna grab a bite to eat later.
오늘 약속이 없어서, 난 나중에 간단히 먹을 거예요.

Do you have any plans today?
오늘 약속이 있어?

We don't have any plans for the weekends.
우리는 주말 약속이 없어요.

Where do you want to go?

어디 가고 싶어?

want to는 '~하고 싶다'라는 뜻으로 회화에서는 줄여서 wanna로 발음되기 때문에 원어민들 이 이 표현을 말할 때 잘 안 들릴 수 있어요. 이런 축약형의 구문들을 미리 알아두면 좋겠죠. 축약형: give + me = gimme, let + me = lemme, want + to = wanna, going to = gonna, got + to = gotta, kind of = kinda, don't + know = dunno

I wanna go camping with you.
너랑 캠핑 가고 싶어.

I don't wanna take a test.
시험 보고 싶지 않아요.

They wanna have some nachos for their snack.
그들은 간식으로 나초를 먹고 싶어 해요.

Drill 1

1

약속이 없으면 뭐 간단하게 먹으러 가지 않을래?

보기 grab, have, plans, you, we, bite, if, should, a, any don't

2

세상에 어떻게 그런 일이 또 일어나지?

보기 are, again, what, that, odds, the, happening, of

3

이렇게 늦게 여긴 어쩐 일이에요?

보기 late, brings, here, what, so, you

4

나는 하루 종일 쉬지 않고 일했어요.

보기 without, I, all, break, day, a, worked

5

오늘 약속이 있어?

보기 any, today, do, have, plans, you

Drill 2

영어를 가리고 한국어를 보면서 바로 말할 수 있는지 체크해보세요.

☐ 이런 우연히 다 있네?	What are the odds?
☐ 여기는 어쩐 일이야?	What brings you here?
☐ 운전을 너무 오래 해서 휴식이 좀 필요했어.	I just needed a break from driving for so long.
☐ 오늘 밤에 딱히 다른 계획이 없으면, 저녁이나 먹는 거 어때?	If you don't have any plans for tonight, should we grab dinner?
☐ 어디 가고 싶어?	Where do you want to go?
☐ 잠시 휴식을 취하는 것이 어떨까요?	Why don't you take a break for a while?
☐ 우리가 우승할 가능성이 있다.	The odds are that we'll win.

 1 If you don't have any plans, should we grab a bite? **2** What are the odds of that happening again? **3** What brings you here so late? **4** I worked all day without a break. **5** Do you have any plans today?

드라이브 스루 주문하기

드라이브 스루 음식점에 온 리나.
오늘은 어떤 미션에 도전할까요?

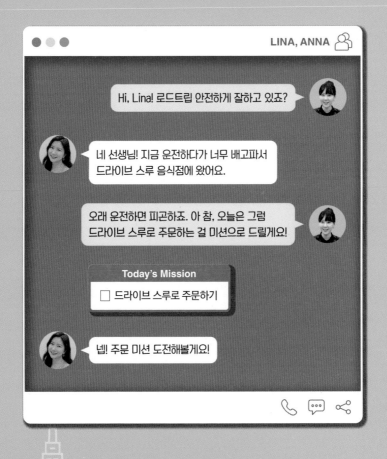

Staff	Hello, good morning. How may I help you?
Lina	Hello.
	May I get a cheeseburger, large fries, and medium Coke, please?
Staff	Ok, do you want to get the meal instead? It will be the same.
Lina	Sure. Yeah. Meal is fine.
Staff	7.17. You can drive off.
Lina	Thank you.

get 받다, 사다, 가지다   medium 중간(크기)의   meal 세트, 식사(시간), 한 끼니   instead 대신(에)
drive off 차를 몰다, 운전하다, 떠나다

점원	안녕하세요, 좋은 아침이에요. 무엇을 도와드릴까요?
리나	안녕하세요.
	치즈버거 하나, 라지 감자튀김, 그리고 중간 사이즈 콜라 하나 주시겠어요?
점원	네, 세트로 하시겠어요? 똑같을 거예요.
리나	물론이죠. 네. 세트 괜찮아요.
점원	7.17달러입니다. 운전하셔도 됩니다.
리나	감사합니다.

Mission Completed

리나가 어떻게 미션을 달성했는지 보세요.

☑ 드라이브 스루로 주문하기

Lina	**Hello.**
	May I get a cheeseburger, large fries, and medium Coke, please?
Staff	**Ok, do you want to get the meal instead? It will be the same.**
Lina	**Sure. Yeah. Meal is fine.**

음식을 주문할 때는 May I get 패턴을 사용해서 May I get a cheeseburger, large fries, and medium Coke, please?라고 말하면 됩니다. 그럼 다른 음식 주문도 해볼까요? 치킨 너겟이 먹고 싶다면 May I get two chicken nuggets, please? 치즈버거와 오렌지 주스가 먹고 싶다면 May I get a cheeseburger and an orange juice, please? 이번에는 〈Can I have ~〉 패턴을 써서 세트로 주문해볼까요? Can I have one combo, please? 이렇게 〈May I get ~〉, 〈May I have ~〉, 〈Can I have ~〉, 〈Can I get ~〉의 패턴을 알아두세요!

May I get a glass of water?	물 한 잔 주시겠어요?
May I have a cappuccino, please?	카푸치노 한 잔 주시겠어요?
Can I have a cup of coffee?	커피 한 잔 주시겠어요?
Can I get a glass of wine?	와인 한 잔 주시겠어요?

How may I **help you?**

무엇을 도와드릴까요?

식당이나 쇼핑몰 등에 가면 점원들에게 처음으로 들을 수 있는 표현들로 How may I help you? How can I help you (today)? What can I get for you? 등이 있습니다.

How may I **be of service?**	제가 어떻게 도와드릴까요?
How may I **assist you?**	뭘 도와드릴까요?
How may I **help you, ma'am?**	어떻게 도와드릴까요?

Do you want to get the meal instead?

세트로 하시겠어요?

meal

미국에서 세트 메뉴를 set(세트)라고 하지 않고 combo나 meal이라고 해요. 간혹 드라이브 스루로 주문을 할 때는 직원의 목소리가 잘 안 들릴 때가 있죠 그럴 땐 이렇게 말해보세요. I'm sorry. Come again? Pardon? What was that? What was that again?

I'd like to order the cheeseburger meal, please.
치즈버거 세트로 하나 주문하고 싶은데요.

Do you have a fried chicken meal?
프라이드 치킨 세트가 있나요?

We offer a double burger meal.
더블버거 세트가 있어요.

instead

instead는 '대신에'라는 뜻으로 앞에서 리나가 주문한 것 대신에 세트로 주문하는 것을 권할 때 사용했어요.

I want bread instead of rice.	나는 밥 대신에 빵 먹을래요.
We had salad instead of a full meal.	우리는 세트 메뉴 대신 샐러드를 먹었어요.
I ordered chicken instead.	나는 대신에 치킨을 주문했어요.

Sure. Yeah. Meal is fine.

물론이죠. 네. 세트 괜찮아요.

⟨~is fine⟩ 패턴은 '~이 괜찮아요, 좋아요'라는 뜻으로 앞에서 언급한 것을 받아서 그것이 좋다고 다시 말할 때 씁니다. 여기서는 직원이 권한 세트가 좋다는 뜻으로 Meal is fine.이라고 했습니다.

Diet coke is fine with me. 저는 다이어트 콜라 좋아요.
A pasta meal is fine. 파스타 세트 괜찮아요.
The burger combo is fine with us. 우리는 버거 콤보 좋아요.

➕ 주문이 끝날 즈음에 들을 수 있는 표현을 알아볼까요? Would you like anything else?(뭐 더 필요한 게 있나요?) Anything else?(그게 다인가요?) Is that everything? 또는 Would that be all?이라고 물을 수도 있습니다. 만약 더 이상 주문할 것이 없다면 I think that's about it. 또는 That's it.이라고 말하면 됩니다.

7.17. You can drive off.

7.17달러입니다. 운전하셔도 됩니다

drive off는 '(차를 몰고) 떠나다'라는 뜻으로 드라이브 스루에서 주문이 완료됐으니 운전을 해서 앞으로 가라는 뜻이겠죠. 그럼 주문이 끝나고 점원이 할 수 있는 말들을 알아볼까요? That total's gonna be $7.17 at the window.(총 7달 17센트고 창구에서 지불해주세요.) It's $7.17. Drive in through!(7달러 17센트입니다. 이쪽으로 운전해주세요!)

Let's check your tires before you drive off.
차를 몰기 전에 타이어들을 확인해주세요.
I saw the white car drive off.
나는 흰색 차가 떠나는 걸 봤어요.
I just want to get in the car and drive off.
나는 그냥 차를 몰고 떠나고 싶어요.

1

어떻게 도와드릴까요?　　　　　　　　　　　　　**보기** you, how, I, ma'am, help, may

2

치즈버거 하나와 오렌지 주스 하나 주시겠어요?

보기 cheeseburger, please, I, an, get, orange juice, may, a, and

3

대신 소고기 세트로 하시겠어요?　　**보기** beef, instead, you, get, do, the, to, meal, want

4

저는 다이어트 콜라 좋아요.　　　　　　　　　**보기** me, coke, fine, diet, with, is

5

나는 그냥 차를 몰고 떠나고 싶어요.　　**보기** the, off, want, I, and, drive, get, in, just, to, car

Drill 2

영어를 가리고 한국어를 보면서 바로 말할 수 있는지 체크해보세요. 🔊 79 02

☐ 무엇을 도와드릴까요?	How may I help you?
☐ 치즈버거 하나 그리고 중간 사이즈 콜라 하나 주시겠어요?	May I get a cheeseburger and medium Coke, please?
☐ 네, 세트로 하시겠어요?	Ok, do you want to get the meal instead?
☐ 네. 세트 괜찮아요.	Yeah. Meal is fine.
☐ 7.17달러입니다. 운전하셔도 됩니다.	7.17. You can drive off.
☐ 뭘 도와드릴까요?	How may I assist you?
☐ 더블버거 세트가 있어요.	We have a double burger meal.

정답 **1** How may I help you, ma'am? **2** May I get a cheeseburger and an orange juice, please? **3** Do you want to get the beef meal instead? **4** Diet coke is fine with me. **5** I just want to get in the car and drive off.

셀프 주유하기

로드트립 중 기름이 떨어져 셀프 주유소에 온 리나.
자, 그럼 리나의 라이브 방송에 들어가볼까요?

Lina

Let's see.

[Insert your credit card.]

20 dollars.

[Pay outside credit.]

And… For this car, ultra.

credit (card) 신용카드　**pay outside** 밖에서 계산[지불]하다　**ultra** 울트라, 극도로, 초-

리나	어디 보자.
	[신용카드를 넣으세요.]
	20달러.
	[밖에서 신용카드로 결제하기.]
	그리고… 이 차에 넣고, 울트라 기름으로.

Mission Completed

리나가 어떻게 미션을 달성했는지 보세요.

☑ 20달러어치 기름 주유하기

Lina   **[Insert your credit card.] 20 dollars.**

주유기에 신용카드를 넣고 내가 원하는 주유량을 선택하는 표현으로 Insert your credit card. 20 dollars.라고 말해요. 주유와 관련된 다양한 표현을 한번 볼게요. 주유를 해야 할 때는 I need to get some gas. 또한 이런 말도 자주하죠. '휘발유 가득 넣어주세요.' Fill it up with gasoline, please. 아니면 주유하다가 기계가 카드를 먹는 경우도 있지 않나요? 그럴 땐 직원에게 이렇게 말해보세요. The credit card won't come out of the machine.

➕ 주유소 관련 표현들을 알아볼까요? 주유소는 gas station, 휘발유는 gasoline, 줄여서 gas라고 해요. 셀프 주유소는 a self-service gas station이라고 하고 This gas station is self-service. You have to self-serve at this gas station.(이 주유소에서는 셀프로 주유하셔야 해요.)이라고 말합니다. '주유하다'는 fill up one's car 또는 get gas라고 말해요. When you fill up your car, you should turn off the engine.(주유하시려면 엔진을 끄세요.) Which gas should I pump in?(어떤 기름을 넣어야 하나요?)

☑ 신용카드로 결제하기

Lina   **[Pay outside credit.]**

셀프 주유소에서 결제를 할 때는 신용카드로 주유기에서 바로 결제하는 경우와 사무실에 가서 직원에게 결제하는 경우가 있습니다. 여기서는 Pay outside credit.이라고 했으니 밖에서 주유기에 신용카드로 결제하는 경우겠죠. 사람한테 결제를 할 때는 I'd like to fill up the tank, number 12, $20 please.(12번 주유기로 20달러어치 주유해주세요.) 또는 Pump number 1, fill up the tank, please.(1번 주유기로 가득 채워주세요.) 좀 더 간단하게 이렇게 말할 수도 있어요. 20 dollars on pump number 4, please.(4번 주유기로 20달러어치.) 20달러로 결제했는데 15달러어치밖에 주유가 되지 않을 경우에는 이렇게 말해보세요. Excuse me, it looks like I only used $15. Can I have my change?

회화 실력을 업그레이드해주는 표현을 익혀보세요.

Let's see.

어디 보자.

Let's see.는 어떤 일을 하기 전에 '한번 알아봅시다, 같이 모색해봅시다.'라는 표현으로, 리나는 셀프 주유기 앞에서 주유 전에 이렇게 말했네요. 이렇게 뭔가를 알아볼 때 흔히 사용하는 표현입니다.

Let's wait and see. 좀 두고 보죠.
Let's see why. 그 이유를 알아봅시다.
Let's see what happens next. 다음에 무슨 일이 생기는지 두고 봅시다.

Insert your credit card. 20 dollars.

신용카드를 넣으세요. 20달러.

insert는 '삽입하다, 끼워 넣다'라는 뜻으로, 신용카드를 삽입한다는 표현으로 사용합니다. 주유기에 Insert your credit card.를 한 후 원하는 주유량을 선택했으면 Please lift handle.(주유 건을 들어 올리세요.)이라는 말이 나옵니다. 다음 단계로 Select grade.(종류를 고르세요.)라는 말이 나옵니다. 주마다 다르지만 보통 기름의 종류는 Regular, Plus, Ultra 등급으로 나뉩니다. 이렇게 종류까지 선택했으면 Begin fueling.(기름을 넣으세요.) 문구가 나오고, Would you like a receipt?(영수증을 받으시겠습니까?)가 나오면 Yes 혹은 No를 선택하면 주유가 끝납니다.

Insert a coin into a vending machine.
자판기에 동전을 넣으세요.
Insert the gas pump nozzle into your gas tank.
기름 펌프구를 주유 탱크에 삽입하세요.
Insert your ATM card here.
ATM 카드를 삽입하세요.

Pay outside credit.

밝에서 신용카드로 결제하기.

pay는 '(물건 값을) 지불하다'라는 뜻으로, 셀프 주유소에서는 주유소 매장 안에 들어가서 계산하거나 주유기에서 계산합니다. 결제는 보통 신용카드로 한 번 선승인을 한 뒤 주유를 마치고 다시 한 번 주유 금액을 결제하는 방식입니다. '선결제'인 pre-pay도 있는데 이는 내 차에 들어갈 기름을 잘 예상하고 결제하는 것이 좋습니다.

I'll pay inside.	안에서 계산할게요.
I'll pay with my credit card.	신용카드로 결제할게요.
You can pay in advance by credit card.	신용카드로 선결제를 하면 됩니다.

➕ 일반적으로 값을 치르는 것에는 두 가지 방법이 있는데요. 신용카드와 현금 지불이 있죠. 상점에 가면 직원이 묻곤 하죠. Would you like to pay cash or charge(credit card)?(현금으로 하시겠습니까, 신용카드로 하시겠습니까?) 현금으로 지불하기 원할 땐 I'm going to pay cash. 신용카드로 지불할 땐 I'll pay by credit card.라고 합니다.

And... For this car, ultra.

그리고⋯ 이 차에 넣고, 울트라 기름으로.

미국의 기름 종류에서 고급을 Ultra라고 하고 간혹 주마다 달라서 Premium, Superme, Super라고 부르기도 합니다. 그럼 셀프 주유소가 아닌 일반 주유소에서 직원에게 기름 양을 말할 때는 어떻게 할까요? Fill it up with gasoline, please.(휘발유 가득 넣어주세요.) Fill it up, please.(만땅이요!) Half a tank, please.(반만 채워주세요.)

Fill it up with ultra, please.	울트라로 가득 채워주세요.
Sorry we don't have ultra.	죄송하지만 저희는 울트라가 없습니다.
I always refuel with ultra.	나는 항상 울트라로 주유를 해요.

➕ 간혹 주유소의 직원이 주유구의 뚜껑 닫는 방향을 헷갈려하는 경우가 있어요. 그럴 때 사용 가능한 표현을 알려드릴게요.

Righty tighty.	오른쪽으로 돌리면 잠겨요.
Lefty loosey.	왼쪽으로 돌리면 느슨해집니다.

1

_____

휘발유 가득 넣어주세요.　　　　　　　　　보기 with, please, up, it, gasoline, fill

2

_____

1번 주유기로 가득 채워주세요.　　　　　　보기 fill, please, pump, up, number 1, tank, the

3

_____

안에서 계산할게요.　　　　　　　　　　　　보기 inside, I'll, pay

4

_____

울트라로 가득 채워주세요.　　　　　　　　보기 please, up, fill, with, ultra, it

5

_____

좀 두고 보죠.　　　　　　　　　　　　　　보기 see, let's, and, wait

Drill 2

영어를 가리고 한국어를 보면서 바로 말할 수 있는지 체크해보세요.

☐ 신용카드를 넣으세요. 20달러.	Insert your credit card. 20 dollars.
☐ 밖에서 신용카드로 결제하기.	Pay outside credit.
☐ 이 차에 넣고, 울트라 기름으로.	For this car, ultra.
☐ 다음에 무슨 일이 생기는지 두고 봅시다.	Let's see what happens next.
☐ 기름 펌프구를 주유 탱크에 삽입하세요.	Insert the gas pump nozzle into your gas tank.
☐ 자판기에 동전을 넣으세요.	Insert a coin into a vending machine.
☐ 신용카드로 선결제를 하면 됩니다.	You can pay in advance by credit card.

정답 **1** Fill it up with gasoline, please. **2** Pump number 1, fill up the tank, please. **3** I'll pay inside. **4** Fill it up with ultra, please. **5** Let's wait and see.

OUTDOORS

한 달 동안 미국 현지
생생하게 체험하기

•

You made it!

memo

memo

memo